米国の投資家が評価する

CRITERIA FOR
"GOOD COMPANY"
EVALUATED BY U.S. INVESTORS

「良い会社」の条件

クオリティ投資の思考法

米国証券アナリスト
公認会計士（CFA）
森 憲治

日本実業出版社

・「良い会社」とは何か？

「良い会社を教えてよ」

投資の仕事をしていると、周りの人からそのような質問を投げかけられることが多い。簡単なようで非常に答えづらい質問なので、あまり気の利いた回答をできたことがない気がする。

この質問を投げかけてくれる方は、私が株式投資の仕事をしていた経験を踏まえて、「儲かる株はどれか？」というニュアンスで質問をしてくれているのだと思う。そのため、この人のなかでは「良い会社＝良い株」という方程式が成り立っている。

一方で、投資に関係のない文脈で「良い会社とは何か」と聞かれれば、その意味は多種多様だ。エンジニアリングに興味がある方からすれば世界に誇れるような技術力を持った会社かもしれないし、環境問題に興味がある方であればCO_2の削減に貢献した会社を指すかもしれない。会社の内部で働いている従業員の立場からすれば給料が高い会社を指すかもしれないし、リーダーシップの強い経営者や独創的なビジョンを持った経営者がいる会社を指す場合もあるだろう。

また、投資に関係のある文脈で「良い会社とは何か」と聞かれたとしても、その答えはその人が投資から何を求めているかによって異なってくる。短期的に株価を10倍にして1

億円を儲けたい人からすれば、潜在的な投資リターンが高いが、同時にリスクも非常に高い株を発行している会社が良い会社と呼べるかもしれない。しかし、老後のお金に困らないようにコツコツ資金を貯めたい人からすると、短期的に大儲けできる可能性は低いが、お金を失うリスクが非常に低い株を発行している会社が良い会社と呼べるかもしれない。

このように、「良い会社」という言葉はその文脈や受け取る人によってさまざまだ。

• 長期投資家が考える「良い会社」

では、私が勤務していた、企業に長期的な投資を行なう投資ファンドではどのような会社を「良い会社」と考えているのだろうか。

長期投資を行なうファンドにおいても、「良い会社」についての画一的な定義が存在するわけではなく、ファンドによってさまざまな解釈がなされている。ただし、ファンドによって程度の差はあっても、長期投資を行なう大前提として「会社の質（クオリティ）」が最も重要な評価基準のひとつとなっており、「良い会社＝クオリティの高い会社」と解釈されることが一般的だ。そして、クオリティの高い会社に長期的に投資を行なう手法は「クオリティ投資」と呼ばれている。クオリティ投資については、本書のなかで詳しい説明を行なうが、簡単に言うならば、高いリターンを長期的に生み出すことが期待できる会社を「良い会社」もしくは「クオリティの高い会社」と捉え、そのような会社に対して長期的に行な

う投資を指す。

　ここでいう「リターン」とは、投資家などから受け取った資金から、どれくらいの利益を生み出すことができるか、という意味である。たとえば、投資家から受け取った100億円の資金から、1年で10億円の利益を生み出せるのであれば、その会社のその年のリターンは10%ということになる。クオリティ投資では、このようなリターンが高く（今後成長して高くなる場合を含む）、その高いリターンが維持できるような会社に投資を行なうことを目的とする。

　本書では、文脈や受け取る人によってさまざまに定義される「良い会社」という概念について、クオリティ投資という観点から考察を行なう。

・この本を読んでほしい人

　では、この本はクオリティ投資という投資手法を紹介する、いわゆる「投資マニュアル本」なのか。

　答えはNoだ。クオリティ投資の考え方について説明を行なうものの、投資に興味がある人だけでなく、一般事業会社の管理職にいる方やそのようなポジションを将来目指される方についても想定読者として執筆を行なっている。長期投資を行なうということは、長期的に投資を行なう会社の株主になるということであり、いわば会社と一心同体となることを意味する。したがって、投資を行なう投資家の立場であっても、投資を受けてビジネスを成長させていく必要のある一般事業会社の内部者であっても、根本的には「良い会社」の定

義に差は生じないはずだ。

　本書は、「良い会社」とは何かを投資家および一般事業会社の立場から考察した本であり、ターゲット読者としては、①長期投資に興味がある方と、②会社の管理職ポジションにいる、もしくはそのようなポジションに興味がある方、を想定している。

　ここまで読んでピンときていただけたかと思われるが、本書は、短期的な投資利益を目的とした投資を行ないたい方には相応しくない。本書では、投資マニュアル本で紹介されているような、株価チャートの見方や、お勧めの銘柄を紹介するような内容は含まれていない。また、一般事業会社の内部にいる方であっても、全社的な意思決定などに興味がなく、

図表0-1 ▶ 本書を読んでいただくと良いと思われる方

	ターゲット読者	それ以外の読者
①投資に興味がある方	● 日々、株価をチェックするのは好きではなく、長期的な目線で投資をしたい ● 短期的な利益より、長期的な資産形成を優先したい	● 日々、株価をチェックするのが好きで、短期的なトレーディングをしたい ● リスクが高いとしても短期的な利益を優先したい
②会社の管理職ポジションに興味がある方	● どのような意思決定を行なえば会社の企業価値が向上していくのかを知りたい ● 会社が株式市場からどのように評価されているかを知りたい	● 会社の意思決定に関わる予定はない ● 会社が外部からどのように評価されているかについてとくに興味がない

現場主義を貫きたい方には相応しくないと思われる。

　本書を読むべきか否かを判断するうえで、まずは**図表0-1**を確認していただければ幸いだ。

● この本を書いた目的

　私は生まれも育ちも日本の純日本人なのだが、30代半ばからアメリカの投資ファンドで働く経験を得ることができた。アメリカに生活の場を移し、日々カルチャーショックを受けるなかで、日本人とアメリカ人の投資に対する抵抗感に大きな違いを感じた。

　アメリカでは、（投資をきちんと理解しているかどうかはともあれ）自分で投資をして資産形成をするのが当たり前だ。投資に興味がなさそうな人であっても、「どんな投資してるの？」と聞いてみると、自分が選んだ株の銘柄を何個も挙げてくれるのが一般的である。

　一方、日本では投資をしていないケースが多く、もし投資をしていても個別の株に投資をするのではなく、市場に連動するようなインデックス型のファンドにとりあえずお金を入れているケースが多い。野村総合研究所が2022年に実施した「生活者1万人アンケート（金融編）」*1によれば、日本にお

＊1　「『生活者一万人アンケート』から見た『貯蓄から投資へ』の現状」（笹尾知広、2023年）
　　　https://www.nri.com/-/media/Corporate/jp/Files/PDF/knowledge/publication/kinyu_itf/2023/04/itf_202304_05.pdf?la=ja-JP&hash=F9778AF510EE24E3C6D426E4CD8DDD09C8C5A564

いて現在投資を行なっている人の割合は25％だそうだ。これは、アメリカの60％ *2 を大きく下回る。日本がいかに投資について後ろ向きなのかがわかる。

　なぜ、日本人はこれほどまでに投資を毛嫌いするのだろう。私の両親の世代（70代半ば）はバブル崩壊の経験があるので、「投資が怖い」という心理は理解できる。しかし、バブル崩壊を直接経験していない世代は、どちらかというと物心ついた頃から「貯蓄から投資へ」という政府からのスローガンを植え付けられてきたはずだ。それなのに私や私より若い世代でも、「貯蓄から投資へ」はあまり進んでいないようである。

　では、そうした投資嫌いはどこからきているのだろうか。その答えは、冒頭で触れた「良い会社を教えてよ」という質問に隠されているように思う。

　日本では教育課程において、お金や投資についての教育を受ける機会がなかった。そのため、いざ投資を始めようと思っても何をもって「良い会社」と判断してよいかがわからないのだ。何が良くて何が悪いかもわからないまま投資をすることは、ギャンブルの感覚に近く、それが「投資はギャンブルだ」といった投資への拒否反応を生み出しているように思う。

　そのような心理状況で、政府が「貯蓄から投資へ」と旗を

＊2　"What Percentage of Americans Own Stock?"（Gallup,MAY,2023）
　　　https://news.gallup.com/poll/266807/percentage-americans-owns-stock.aspx

振っても、響かないのは当たり前だろう。

　私自身、投資業界に身を置く前は、何を見て投資の判断をしてよいのかがわからず、いわゆる投資マニュアル本を買ってみたこともある。しかし、(少なくとも当時は)株価のチャートの読み方であったり短期的な利益を出すためのノウハウ本であったりするようなものが多く、また、短期的な内容でなかったとしても、専門用語がふんだんに使われた学術本のようなものしか本屋で発見することができなかった。そうした本から学んだことは現在あまり役立っておらず、実際に投資に携わる仕事を行なううえで得た経験が、自分のいちばんの財産になっているように思う。

　この本は、プロの投資家を想定読者にしているわけではないので、できる限り専門用語を使わずにわかりやすい言葉で、プロの投資家がどのように「良い会社」を判断しているかを説明する内容にしていきたいと考えている。それによって、投資に興味があるものの、生理的な拒否反応が邪魔をして、その一歩を踏み出せない人の後押しになればと思う。

　また、投資される側の会社の立場にいらっしゃる方にとっては、投資家の目線でどのような会社が「良い会社」と評価されるのかを理解していただける内容にしていきたいと考えている。それによって、国内、そして海外の投資家から正当な評価を受けていくにはどうしたらよいかを考えるうえでの道標になれればと思う。

　日本経済は、過去30年で国際競争力を大きく失ってしまった。その理由のひとつは、日本の株式市場の元気のなさで

あったといえよう。この本は、「良い会社」に関する投資家・会社双方の理解を促し、日本の株式市場ひいては日本経済を活発化させることに貢献できればという想いで執筆を行なっている。

・筆者について

筆者は、Anthropocene Capital Management（以降Anthropoceneと呼ぶ）という米シカゴに拠点を持つブティックファンドでシニアアナリストとして3年間勤務した経験がある。このファンドの創設者Zach Eganは、元々 Colombia Wanger Asset Management（現在はM&AによりColombia Threadneedle Asset Management）というファンドで、社長および投資最高責任者（CIO）として、長年、国際株投資や社会的責任投資を行なってきた人物である。Anthropoceneでは、クオリティ投資という考えを軸とし、そのうえで環境問題や社会問題を考えたときに長期的に成長が期待できる欧州およびアジアの会社に投資を行なっている。

歴史と運用実績のあるファンドで運用責任者を担当していた上司と、日々議論を交わしながら業務を行なう機会に恵まれたのは、自分のキャリアのなかでとても幸運であったと思う。このような経験で得た知識を本書で、共有できればと思う。

CONTENTS

第3章 ┃ ビジネスの性格

第4章　業界の性格

用期間の長い商品）を製造・販売している業界

③旅行業界、高級スマートフォン、ブランドファッションなど、消費者にとって生活必需品ではないがお金が余分にあれば購入するような商品を製造・販売している業界

装丁・DTP／村上顕一

第1章

「良い会社」とは

CRITERIA FOR
"GOOD COMPANY"
EVALUATED BY U.S. INVESTORS

大前提としてのROE

　「できる限り専門用語を使わずに」と前置きしたものの、ひとつだけ重要な専門用語を説明する必要がある。それは、クオリティ投資を説明するうえで不可欠な概念である自己資本利益率（ROE）[*3]だ。

　ROEは株主の行なった投資に対して会社がどれくらいの利益を稼げるかを指す。たとえば、ROEが10％の会社（A社とする）であれば、株主が出資した100億円を使って1年で10億円の利益を稼いでいるという意味である。もし、ROEが15％の会社（B社とする）であれば100億円を使って1年で15億円の利益を稼いでいるということなので、B社のほうが良い会社といえることに異論はないであろう。

[*3]　自己資本利益率（ROE）のほかに、投下資本利益率（ROIC）という用語も存在する。前者が「株主の行なった投資に対してどれくらいの利益を生み出しているか」を示す一方、後者は、「株主および債権者が行なった投資に対してどれくらいの利益を生み出しているか」を示している。本書では、より一般的になじみの深い用語としてROEを使用する。なお、本書は企業の経済性を主題としており、企業がどのように資金調達をしているのか（株主からなのか、債権者からなのか）は主題としていないことから、本質的にはROICのほうが正しい用語といえる。ただし、ROEであってもROICであっても、会社の経済性を示していることに変わりはなく、本書の主題に影響を与えないため、読者の方の読みやすいほうに適宜読み替えていただければと思う。

1年だけで見れば5億円の差でしかないのだが、この差は長期的な目線で見るとＡ社とＢ社のあいだに非常に大きな差を生み出すことになる。

　Ａ社は1年目で稼いだ10億円を会社の事業に投資して、2年目も10％の利益を稼いだとする。すると、2年目の利益は11億円となる。これは、最初の出資額である100億円だけでなく、1年目に稼いだ10億円からも10％の利益を稼いだため、1年目の利益である10億円よりも高くなることを意味する。Ｂ社の場合も同様に計算する。1年目で稼いだ15億円を会社の事業に投資して、2年目も15％の利益を稼いだとすると、2年目の利益は約17億円だ。

　ここで注目していただきたいのは、Ａ社とＢ社の利益額の

図表1-1 ▶ 20年でどれだけの差がつくのか

Ａ社の場合（単位：億円）

	出資時	1年目	2年目	3年目	…	20年目
期首の出資額(a)	100	100	110	121	…	612
利益(b)		10	11	12	…	61
合計(=a+b)	100	110	121	133	…	673

Ｂ社の場合（単位：億円）

	出資時	1年目	2年目	3年目	…	20年目
期首の出資額(a)	100	100	115	132	…	1,423
利益(b)		15	17	20	…	213
合計(=a+b)	100	115	132	152	…	1,637

差が2年目に拡大している点である。1年目は、両者の利益の差は5億円だったにもかかわらず、2年目にはその差は6億円に広がっている。

　ではもっと長い目線で見たとき、たとえば20年後にはどれくらいの差が生まれるのか。前ページ**図表1-1**を見ていただきたい。A社は100億円の出資を20年後に673億円に成長させることができる。一方で、B社は100億円の出資を20年後に1637億円に成長させることができる。A社の2.4倍に相当する金額だ。

　これがROEの示す力である。短期的に見れば大した違いに見えないが、中長期的に見れば会社の成長に大きな影響を及ぼすことになる。

SECTION 1-2 | ROEを継続できるのか?

　では、現時点でROEが高い会社が良い会社ということになるのかというと、そういうわけではない。会社の業績が良い年にはROEは高くなるし、悪い年にはROEは低くなる。そのため、まずは短期的な景気の良し悪しを平準化したROEの水準を考える必要がある。たとえば、3年ごとに景気の浮き沈みを経験する業界の会社であれば、過去3年間の平均ROEを算定するのもよいであろう。

図表1-2 ▶ 両者の差が広がっていくイメージ

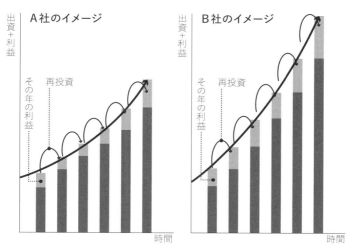

それでは、この短期的な変動を平準化したROEが高い会社が良い会社ということになるのかというと、またもやそう簡単ではない。ここからは、もっと長期的な目線で、「そのROEを継続できるのか？」ということを考える。

　先ほど使ったA社とB社の例をもう一度考えていただきたい。A社とB社の成長の差が年々広がっていく様子は、グラフにすると前ジ**図表1-2**のように表せる。

　A社とB社の成長の差が年々広がるためには、下記の2つの大前提が存在する必要がある。

①その年に得た利益を翌年の事業のために再投資している
②前年度と同じ（またはそれ以上の）ROE水準で再投資ができる

　この2つの前提が成り立たない場合、A社とB社の成長スピードの関係性が変わってくる可能性がある。

　たとえば、「①その年に得た利益を翌年の事業のために再投資している」の前提が成り立たない場合どのような事態が起きるのか？　**図表1-3**は、A社に変更はないが、B社がある年に再投資を行なわずに、役員報酬として支払いを行なったケースを表している。あくまでイメージ図であるが、B社の成長スピードに大きな影響を及ぼしていることが理解できるはずだ。

　ここでは、役員報酬の支払いが悪いということを言いたいわけではない。優秀な役員を採用し社内にとどまってもらう

図表1-3 ▶ B社が再投資を行なわなかったら……

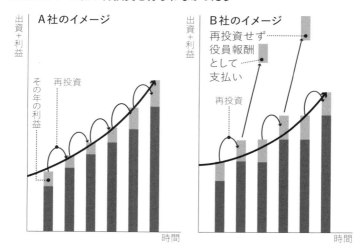

ためには一定の役員報酬が必要であるし、将来の利益を稼ぐ
ためのモチベーションにもつながるであろう。ここで言いた
いのは、将来の成長につながる再投資の機会があるにもかか
わらず、再投資を行なわなかった場合に、どのような影響が
起こり得るのかということだ。多くの優れた経営者が、目先
の利益（たとえば自分の報酬）ではなく、長期的な利益のために
成長投資を優先する理由はこの点にある。

　では、2つ目の前提である、「②前年度と同じ（またはそれ以
上の）ROE水準で再投資ができる」が成り立たない場合には、
どのような状況が起こるか？

　次ジ**図表1-4**は、A社に変更はないが、B社のROEが低下
していくケースを示している。すなわち、A社はROE10%

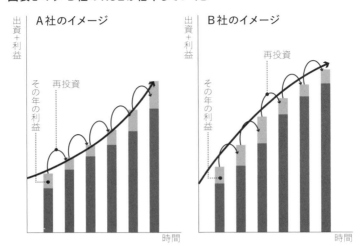

図表1-4 ▶ B社のROEが低下していくと……

A社のイメージ

B社のイメージ

を維持している一方で、B社のROEは15％からスタートして、徐々に10％、8％、6％と逓減していくイメージだ。

　このような状況はどのような場合に起こり得るのか？　たとえば、B社は農業機器の製造業を営んでおり、主力となっている製品は、その高い品質によって業界平均よりも高い価格設定が可能であったとする。この高い価格を背景としてB社の利益水準は高くなり、ROE15％を達成できていた。しかし、しばらくして競合他社も研究開発を重ね、B社と同じくらいの品質の農業機器を生産できるようになってしまった。このような状況下では、B社は市場シェアを守るために値下げ競争に巻き込まれるか、何もしなければ市場シェアを奪われてしまうこととなる。このような競争の激化によりB社の

ROEは徐々に市場平均へと収れんしていく可能性が考えられる。

　また、競争が激化しなくとも、そもそもROE15％を得られる事業機会が存在しなくなるケースもある。B社の農業機器は日本でのシェアが圧倒的となり、これ以上コア商品による国内での成長が期待できなくなったとする。その場合、海外市場に進出を図ったり、農業機器以外の周辺製品に進出したりすることで、成長を維持することを検討するであろう。これらの新しいビジネスから、日本のコア市場と同じようにROE15％を達成できるとは限らない。海外市場のROEが8％しかないのであれば、海外市場に進出すればするほど会社全体のROEを引き下げていくことになる。成長率の維持を優先するあまり、会社のROEが希薄化していくケースは、驚くほど多く存在する。したがって、会社にとって、長い目で見たときに高いROEを維持もしくは向上させていく事業機会が存在しているかを見極める必要があり、また、ROEが希薄化しないように事業機会の選定を行なっていくことが経営者にとって大変重要となる。

ROEの構成要素

　前セクションでは高いROEとその継続性が重要であることを説明した。ここからは少し専門的にROEを深掘りすることで、どのような会社が高いROEを実現できるかについて考えたい。ROEは大きく分けて、以下の2つの構成要素で成り立っている。

　①資本回転率（アセット・ターン）
　②利益率

　2つの構成要素で成り立っていることは、数式でも表される。ROEは株主が投資した資本に対してどれだけ利益を稼いだかを表す指標であることから、次のような数式で表される。

　ROE＝稼いだ利益／資本

　この数式に「売上」を加えると、2つの構成要素に分解することができる。

　ROE＝（稼いだ利益／売上）×（売上／資本）

1つ目の構成要素の分母と2つ目の構成要素の分子がともに「売上」であるためそれらが相殺されることを考えると、結局はROE＝稼いだ利益／資本という数式と結果が同じであることが理解できるであろう。[*4]「売上」を加えることで分解された2つの構成要素は、それぞれ以下のように理解することができる。

　ROE＝（稼いだ利益／売上）×（売上／資本）
　＝売上からどれだけ利益を上げたか×投資した資本からどれだけ売上を上げたか
　＝②利益率×①資本回転率

---

*4　より詳細に会社の経済性を把握したい場合には、「稼いだ現金」という項目を加えて3つの構成要素に分解することも有益である。その場合、ROE＝（稼いだ現金／稼いだ利益）×（稼いだ利益／売上）×（売上／資本）という数式で表すことができる。

式の最初に出てくる「稼いだ現金／稼いだ利益」という構成要素は、「会社が利益のなかからどれくらいの現金を得たか？」を表す指標であり現金変換率と呼ばれる。会計に詳しくないと「稼いだ現金＝稼いだ利益」と考えてしまいがちであるが、現実世界では、両者は一致しない。これは、会計上計算される利益には、現金の増加を伴わない収益が含まれていたり、現金の減少を伴わない費用が含まれていたりするためだ。当然、現実世界でより重要なのは、目に見え実際に使うことができる「現金」であり、会計上の調整が加えられている「利益」ではない。そのため、現金変換率は高ければ高いほど望ましいと考えられる。

なお、本文ではより簡単な内容としたかったため現金変換率を加えていないが、「良い会社とは何か」という本書の主題を考えるうえでは、「稼いだ現金」を加えて現金変換率を把握することが有益だ。

以下では、2つの構成要素について説明する。

①資本回転率

　これは、「投資を受けた資本からどれくらいの売上を生み出すことができるのか？」を表す指標である。この指標が高い会社は、「アセットライト経営」と呼ばれ、少ないお金を使って多くの売上を生み出せることから、より効率的にお金を稼ぐことができる経済性の良い会社であるといえる。

　資本回転率は、事業内容によって大きくその水準が異なる。たとえば、工場を増設して生産量を増やしていかなければ売上を伸ばせない製造業の会社であれば、資本回転率は一般的に低い水準になる。一方で、ソフトウェアの会社の場合、一度ソフトウェアを開発してしまえば、会社のスペースを増設したり新たにパソコンなどの資産を購入したりしなくとも、そのソフトウェアを多数のユーザーに販売できるため、一般的に資本回転率は高くなる。

　ただし、同じような資本回転率の低い業種にいたとしても、より資本効率の良いビジネスモデルを選択することで、資本回転率を向上させることは可能だ。たとえば、前述の製造業者が、「これからは製品のデザインの開発・設計に注力して、簡単な製造プロセスについては外注することにしよう」と選択すれば、自社で工場を増設しなくても生産量を伸ばせることとなり、資本効率を改善できるかもしれない。また、ファストフードなどの外食産業や、コンビニなどの小売業において使われているフランチャイズも良い例だ。自社の商号・商

標、開発した商品を提供する権利、営業上のノウハウなどを提供する対価（ロィヤリティ）を受領して売上を拡大できる一方で、自社の資本を使って土地や店舗を購入する必要がない（その代わりに加盟店が資本を使う）ため、資本効率の良い経営が可能となる。

②利益率

これは、「会社が売上のなかからどれくらいの利益を上げたか？」を表す指標である。会計的な細かい解説は省略するが全体像としては、売上から下記のコストを差し引くことで利益が算定される。

A　売り上げた商品やサービスをつくるために直接かかったコスト（売上原価）

B　売り上げた商品やサービスに直接関係しないが本業をやるうえで必要不可欠なコスト（販売費および一般管理費）

C　本業をやるうえで必要不可欠ではないが継続的に発生するコスト（営業外費用）

D　継続的に発生するわけではない一時的なコスト（特別損失）

E　税金

毎年の売上からこれらのコストを差し引いた金額がその年の利益であり、会社にとって、その年の「儲け」となる。当然、同じ金額の売上から、より多くの儲けが出るほうがよい

ので、利益率は高いほうが望ましい。

　利益率を上げる方策にはさまざまある。上記DとEに関しては通常、会社がコントロールできる項目ではないため、特段取り上げない。上記BとCについては、会社がコントロールできる項目であり、利益率向上のために重要となるが、世間一般に「コスト削減」といった場合にイメージに浮かぶ項目が主となるため、ここで深く取り上げることはしない。たとえば、本社人員の削減や、管理業務の効率化、借入金およびその利率の削減、などが含まれるであろう。

　ここで取り上げたいのは、上記Aである。A（売上原価）と売上の差額は、「売上総利益」といわれ、売上総利益の売上に対する割合は、売上総利益率といわれる。100円の商品を売り上げたときに、その商品をつくるために40円かかった場合、売上総利益は60円であり、売上総利益率は、60％ということになる。

　売上総利益率は、会社の競争優位性を表すケースが多い。コーヒーチェーンのスターバックスを例に考えてみる。スターバックスと、もう少し安い値段でコーヒーを提供するコーヒーチェーン店を比較した場合、売上原価に大きな違いは存在するだろうか。原材料となっているコーヒー豆にしても、コーヒーマシーンにしても、それを提供する従業員の給料にしても、大した差は存在しないはずだ。しかし、そのブランド力の高さから、他のコーヒーチェーン店より高い値段でコーヒーを売ることができる場合、スターバックスの売上は他のコーヒーチェーン店よりも高くなり、売上総利益および売

上総利益率も他のコーヒーチェーン店より高くなる。

　通常、高い売上総利益率を上げている会社が存在する場合、新規参入が増えて競争が激化するため、高い売上総利益率を維持することはむずかしい。しかし、その競争を防ぐ何かしらの競争優位性を有している場合にはそれが可能だ。スターバックスのケースであれば、(もちろんコーヒー自体がおいしいという理由もあるとは思うが) そのブランド力の高さが競争優位として機能していると考えられる。ブランド力のない一般のコーヒー店が、スターバックスと同じクオリティのコーヒーを提供しても、スターバックスと同じ金額を請求するのはむずかしいはずだ。

　なお、高い売上総利益率を維持できる何らかの競争優位性が存在する場合、その状況がさらなる競争優位を生み出すことも考えられる。たとえば、スターバックスであれば、他のコーヒーチェーン店よりも高い売上総利益率を実現できていることから、他コーヒーチェーン店よりも多くの資金を品質のさらなる向上やブランド力の強化に使うことができる。他コーヒーチェーン店よりも内装にお金をかけたり、接客サービス向上のためのトレーニングにお金をかけたりすることもできる。よりおしゃれな新商品の開発に充てることもできるだろうし、広告にもっとお金をかけることもできる。これらがさらなるブランド力の向上につながるのであれば、競争優位性がさらなる競争優位性の構築につながる好循環が発生することになる。

以上、ROEの2つの構成要素を取り上げた。会社がただたんにROE重視の経営を行なっていく、と言っても具体的なアクションが見えにくい。そのため、これらのような構成要素に分解し、それぞれについてどのような施策を講じていくかを検討することで、具体的にどのようなアクションが必要であるかが判断しやすくなると考えられる。

ROEと株価

　ROEが「良い会社」を判断するうえでの、ひとつの重要な指標であることはおわかりいただけたと思う。ここからは、ROEが高い会社の株式は株式市場でどのように評価されるのかについて説明したい。

　大原則としてROEが高い会社ほど、株式市場における評価が高くなり、株価も高くなる。プロの投資家たちは、「このくらいのROEであればこれくらいの株価で取引されるはずだ」というロジックで、理論的な株価を算定し（実際にはROEだけではなく他のさまざまな要因を加味する）、その理論的な株価と実際に取引所で取引されている現在の株価を比較して、現在の株価が理論値よりも低いのであれば株を購入し、理論値よりも高いのであれば株を購入しない（すでに保有している場合には売却）、という選択を行なう。

　理論的な株価の算定については、それだけで1冊の本が書けてしまうくらい難解なトピックであり、かつ、算定を行なう人それぞれで手法も結果も変わってくるため、何か絶対的な答えがあるものでもない（もし絶対的な答えを見つけた人がいたらその人は世界一のお金持ちになっているはずだ）。したがって、本書では理論的な株価の算定については取り上げない。その代わりに、ROEを重視するクオリティ投資家が株価についてどのよう

な考え方を持っているか、大きな考え方についてだけ述べたい。

　クオリティ投資家は、長期的に高いROEを実現できるような会社が存在する場合には、その会社の株は理論的な株価よりも割安になっている可能性が高い、という判断を行なう。これは、株式市場がどのように株価を算定しているか、その手法に基づく判断だ。

　投資家は会社が将来にどのくらいの利益を上げられるかを予想し、1年後のROEがどうなっているか、2年後はどうか、3年後はどうか、という予想を立てて理論的な株価を算定している。具体的には、1年後はROE○○％を実現し○○円の利益が入るはずだ、2年後はROE○○％を実現し○○円の利益が入るはずだ、というように予想を立て、将来に得られるであろう利益をいまのお金の価値に換算したうえで合計し、どれくらいの企業価値があるのかを算定する。

　なお、プロ投資家を含む投資家の集合体として株式市場が存在しているため、われわれが日々目にしている証券取引所の株価というのは、投資家一人ひとりが算定した理論値の平均値であるといえる。したがって、1年後のROEがどうなっているか、2年後はどうか、3年後はどうか、という投資家一人ひとりの予想が反映された結果が、現在の株価であるということだ。

　問題なのは、このような予想を行なう期間をどのように考えるかだ。短期的な利益を追い求めるような投資家であれば、通常、将来の1年とか3年くらいの期間で利益を予想する。

長期的な投資を行なう投資家であっても、せいぜい、将来の5年とか7年くらいの期間を予想期間として考えている。では、その期間以降の利益はどのように株価に織り込まれているのか？　実は、投資家はこの点についてものすごく適当だ。たとえば、「3年後以降の将来はよくわからないし、市場平均より高いいまのROEを維持していくのは競争環境からみてもむずかしいはずだから、4年目からはROEが徐々に減少していく予想にしよう」とか、「4年目からは市場平均くらいのROEに落ち着いていくだろう」といった予想を立てる。

　結果として、理論的な株価の算定において、遠い将来から得られる利益が過小評価されてしまう（もしくは無視されてしまう）ことで、会社の本質的な価値が、現在の株価に十分に反映されない可能性が高いのだ。少し専門的になってしまったが、要するに、高いROEを長期的に実現できる会社は稀であり、そのような会社の株式は、株式市場において過小評価されている可能性が高い、ということだ。

SECTION 1-5 | ROEが高ければ高いほど良いのか?

　では、会社にとって、そして投資家にとって、ROEは高ければ高いほど良い、と言ってしまっていいのか。現実はそこまで単純ではない。ROEは業種によっても大きく異なるし、同業種であっても会社の成長ステージの違いや、個社の短期的な意思決定によっても大きく異なってくる。

　前述のとおり、工場を増設して生産量を増やしていかなければ売上を伸ばせない製造業と、成長のための設備投資がさほど必要のないソフトウェア業では、ROEに大きな差異が生まれて当然であり、「ソフトウェア業のROEのほうが高いので、製造業よりも良い業界だ」という単純な結論を出すことはできない。ソフトウェア業のROEが高いことは、周知の事実であるため、高いROEを狙って今後、新規参入が増加するかもしれない（よってROEが今後低下していくリスクが高いといえるかもしれない）。また、投資家の立場からすれば、ソフトウェア業の高いROEは、高い株価という形ですでに反映されている可能性が高い。

　さらに、同業種で成長ステージの異なる2社が存在する場合。たとえば、成熟した市場でシェアがすでに50％を超える大手ソフトウェア会社と、市場シェアが低いものの新しい市場を開拓している新興ソフトウェア会社では、ROEの水

準は大きく異なる。

　大手ソフトウェア会社は、高い市場シェアを背景とし、すでに高い利益率と資本回転率を実現し、高いROEを維持しているかもしれないが、今後ROEをさらに向上させていくことはむずかしいかもしれない。また、投資家の立場からすれば、現状の高いROEがすでに高い株価、という形ですでに反映されているかもしれない。

　一方で、新興ソフトウェア会社は、現在は新しいソフトウェアの開発やマーケティングに費用がかかり、利益率が低く、ROEも低いかもしれないが、成長投資が実を結べばROEも向上していくかもしれない。そして、将来のROE向上については不確実性が高いため、株式市場でそのような可能性が株価に反映されていないかもしれない。

　要するに、現状のROEを数字的に把握するだけでは、良い会社か否かを判断することは困難ということだ。現状のROEというよりも、将来的にROEがどのように変化していくかを考えることが重要であり、それを考えるためには、会社やその業界の、より本質的な評価が必要になってくる。その評価の指針となる項目を本書の第2章以降で取り上げる。

クオリティ投資とは
どういうものか

　さて、冒頭で「クオリティ投資」という概念に基づいて良い会社とは何かを考える旨を述べた。クオリティ投資は、文字どおり、質の高い会社に投資を行なう投資手法であるが、何をもって質の高い会社というかは専門家のあいだでもそれぞれであり、明確な定義は存在しない。

　また、クオリティ投資といってもさまざまな手法があり、クオリティ投資全般が市場平均以上の素晴らしい投資リターンを上げることができるわけではない。ただし、クオリティ投資を行なうことで市場を大きく上回る投資リターンを達成している投資家は数多く存在する。たとえば、英国のウォーレン・バフェット[*5]とも呼ばれる英ファンドFund Smithの創設者であるTerry Smithは、「良い会社を、そのクオリティに見合った金額内で買い、長期的に保有する」というシンプルな哲学に基づいて投資判断を行なう、代表的なクオリティ投資家の一人だ。彼は、2010年のファンド創設から2022年にかけて478%の投資リターンを上げた。これは市場平均の256%を大きく上回る数字である。クオリティ投資が機能し

[*5]　米国投資家であり、ジョージ・ソロス、ジム・ロジャーズとともに世界三大投資家として知られている。

た一例といえよう。

「株式指数におけるクオリティ投資」（『三菱UFJ信託資産運用情報』2020年7月号）では、「クオリティ」について確固たる定義が存在しないことを前置きしたうえで、各指数会社（インデックスプロバイダー）が提供するクオリティ指数について、どのような特性指標が用いられているかを整理している。なお、インデックスプロバイダーとは、同じような性質を有する株式をまとめ、一つの投資商品（インデックスと呼ぶ）のように投資パフォーマンス（指数）を測定し、その情報を投資家等に提供する業者を指す。

代表的なインデックスプロバイダーであるMSCI、FTSE RUSSELL、S&Pダウジョーンズ、STOXXが、「クオリティ」投資といった場合にどのような項目を見ているかをまとめたのが次の**図表1-5**だ。

同誌によると、各クオリティ指数に用いられている財務指標を列挙し共通の特性で整理したところ、①収益性、②資本構成、③利益の安定性、④成長性、⑤会計の質、の5つに分類することができたそうだ。それぞれの特性の内容は以下のとおりだ。

①収益性：本書でメイントピックとしているROEや、ROA（総資産利益率）等が含まれる。資本からどれくらい効率的に利益を生み出しているかを示すものであり、どのインデックスも採用している特性である。

図表1-5 ▶ 各指数プロバイダーのクオリティ指数の採用指標

指数提供会社	MSCI	FTSE RUSSELL	S&P	STOXX
指数名称	MSCI クオリティ指数	FTSE クオリティ指数（グローバルファクターシリーズ）	S&P クオリティ指数	STOXX MUTB クオリティ150指数
収益性	ROE（自己資本利益率）	ROA（総資産利益率）	ROE（自己資本利益率）	ROE（自己資本利益率）事業資産キャッシュフロー比率
資本構成（財務レバレッジ）	負債自己資本比率	キャッシュフロー負債比率	負債自己資本比率	負債総資産比率
利益の安定性	利益成長率ボラティリティ			利益ボラティリティ
成長性		総資産回転率の変化		
会計の質		アクルーアル		アクルーアル

出所：MSCI、FTSE RUSSELL、S&Pダウジョーンズ、STOXX各社HPより三菱UFJ信託銀行作成

②資本構成：どの程度負債を抱えているかを示す指標であり、一般的に、財務レバレッジと呼ばれる。クオリティ指数においては、負債が少ない会社のほうが、クオリティが高いと判断される。これは、負債の少ない健全な企業のほうが不況時においても生き残れる可能性が高いと判断されるためだ。

③利益の安定性：毎期の利益の金額に変動が少ない会社のほうが、クオリティが高いと判断される。これは、市場の好不況や競争環境により利益の金額が変動する会社よりも、毎期安定的に予測可能な利益を生み出せる会社のほうが、クオリティが高いと判断されるためだ。

④成長性：図表1-5を見ると、FTSE RUSSELLのみに使用されている指標のため、クオリティを測るうえで一般的な特性とはいえないかもしれない。ここでいう成長性では、資産回転率や利益率の変化率などが重視されているため、ROEやROAが向上していく可能性を測る指標といえよう。

⑤会計の質：「利益の質」とも呼ばれる。インデックスプロバイダーのひとつであるMSCIは会計の質について以下のように述べている。

「会計上のクオリティの評価は、一般に利益の持続性およ

び予測可能性と関連している。景気の良し悪しにかかわらず、安定的かつ予測可能な利益を生み出す企業は、通常クオリティの高い企業とみなされる。しかし、会計操作が利益の質の実態をゆがめることもよくある」（「クオリティへの逃避」MSCI 2015年9月）

　では、「会計操作が利益の質の実態をゆがめる」ケースとしてどのような場合が考えられるだろうか。代表的なケースとしてアクルーアル（accrual）が挙げられる。アクルーアルは簡単に言えば、会計上の調整項目であり、実際に会社に現金が入ってきていないのに売上を計上し、利益を計上することを可能とする。たとえば、来期に売上のお金が入金される予定であるが、顧客への商品の販売は当期中に完了しているので、当期に売上を計上するケースが挙げられる。この処理は、不正に行なうものではなく、会計上のルールに基づいてなされる正当な処理だ。しかし、このような処理が可能になることで、会社のマネジメントは売上の計上タイミングをある程度決定することが可能となり、よってそれに基づき計上される利益は「質が低い」と判断される場合があるということだ。

　なお、米国の南カリフォルニア大学教授Richard Sloanは"Do Stock Prices Fully Reflect Information in Accruals and Cash Flows about Future Earnings?"（1996）のなかで、アクルーアルが将来の投資リターンと関係があるという検証を行なった（すなわち、アクルーアルが少なく、利益の質が高い会社への投資のほうが、投資リターンが高かった）。これは、アクルーアルが高い会社は自社の売上や利益を短期的に高く見せようとし、結果とし

てその後、高い売上や利益を維持できない（実際に現金が入って
くる売上や利益ではないため）ことで、株式市場を失望させてしま
うケースがあるためだ。

　このように、クオリティといってもインデックスプロバイ
ダーごとにその考え方や使われている特性が異なり、また、
各社とも、何か単一の特性でクオリティを測定しているわけ
ではなく、3〜4個の特性を組み合わせて総合的にクオリ
ティを測定していることがわかる。しかし、どの指数において
も収益性と資本構成（財務レバレッジ）の指標は共通して備えて
いるので、両者はクオリティ戦略の必要条件といえよう。

　さて、以上から、「収益性」と「資本構成（財務レバレッジ）」
が最も一般的なクオリティ投資の指標であると考えられるが、
本書においては、「収益性」にフォーカスを当てることとす
る。なぜならば、「収益性」はビジネスの本質に起因する要
素が大きい一方、「資本構成（財務レバレッジ）」はマネジメント
の意思決定に依存する要素が大きいためだ。

　たとえば、第2章において、日本企業は負債を抱えるのを
嫌い、現金を保有することを好む点について取り上げている。
その場合、負債のない日本企業は、負債を利用して急速に成
長する欧米企業に比べて質の高い会社だ、ということになる
が、当然、そのようなことはない。ただたんにリスクをとる
ことを恐れて現金を溜め込む場合、将来の成長のための投資
を怠ることとなり、会社の存続に影響を及ぼすかもしれない。
「資本構成（財務レバレッジ）」は財務的な安定性を測る重要な特

性であるものの、会社のマネジメントの意思決定によって左右されるため、「良い会社」か否かを判断するうえでは「収益性」のほうが本質的な特性であると考えられる。

　したがって、本書ではクオリティ投資の視点から考える「良い会社」とは、「収益性の高い会社」であり、より具体的に表すと「高いリターンを長期的に生み出すことができる会社」であると定義する。先ほど説明したROEの概念を含めて言い換えるのであれば、「高いROEから得た利益を、同水準以上のROEを得られるビジネスに、継続的に投資できる会社」がクオリティ投資における投資対象だ。

　なお、クオリティの重要性やその考え方は、ウォーレン・バフェットの下記の発言でも示されている。

"Leaving the question of price aside, the best business to own is that over an extended period can employ large amounts of incremental capital at very high rates of return" (Shareholder Letter,1992)

　「株価の話は置いといて、投資すべき良いビジネスというのは、稼いだリターンを高い経済性（ROE）で長期間再投資できるビジネスである」（株主への書簡、1992年）

　言葉で示すと単純であるが、実際にそのような会社を見つけるのは困難だ。過去や現在のROEの情報は、公表されている情報なので誰でも見ることができる。しかし、将来のROEがどうなるかについては、投資家一人ひとりが自分で

予測し判断していくことになるので、明確な答えがあるわけではない。

　本書でも画一的な答えを提供することはできない。しかし、過去の事例から、高いROEを長期間維持し、会社としても株としても成功したケースを考察し、それらに共通する性質を類型化することは可能であると考えた。そして、その類型を示すことで、読者の投資意思決定や会社内における戦略意思決定に資するような内容にできればと思う。

　本書の第2章以下の構成としては、図表1-6のようになっている。第2章においてマネジメントの性格、第3章においてビジネスの性格、第4章において業界の性格、を取り上げる。これら1つ1つの構成要素は、それ単独で機能するとい

図表1-6 ▶ 本書の構成

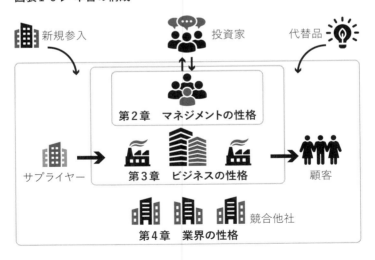

うよりも、相互作用することでより強固なビジネスを構成することになると考えられるため、すべてを読んでいただいたうえで、総合的に評価を行なっていただければと思う。

　自分の働いている会社や投資を検討している会社に当てはめたときに、それらの構成要素が機能しているのか否かを考えていただく機会になれば幸いだ。

ROE と PBR

　新聞やビジネス書において投資に関するトピックのなかでROEとともによく登場するキーワードがPBR（株価純資産倍率）だ。PBRとは「Price Book-value Ratio」の略で、簡単な言葉でいうと、会社が持っている資産の価値に比べて現在の株価が割高か割安かを判断する目安である。ここでいう「会社が持っている資産の価値」とは「解散価値」とも呼ばれ、仮にいまの時点で会社がビジネスを終了し、すべての資産を売って借金を返済した場合に残る価値を示す。

　PBRが1倍よりも大きい場合には、会社が資産をすべて売り払って残った価値よりも高い価値で株式が取引されているということなので、株式市場はこの会社の将来に何かしらの期待を持っており、それによって株式が高値で取引されているということになる。

　一方で、PBRが1倍よりも小さい場合には、会社が資産をすべて売り払って残った価値よりも低い価値で株式が取引されているということになる。それはどういうことか。

　株式市場は、この会社が今後ビジネスを行なっていくことで、いま持っている資産の価値を壊していくと考えていることになる。言い換えるならば、「事業を続けるよりもいますぐ解散して株主にお金を分配したほうが良

い」と思われているといえよう。

　ではPBRが1倍よりも小さい会社は、日本にどれくらいあるのだろうか。なんと2022年時点で、TOPIX500（主要500社）の43％がPBR1倍を下回ったそうだ。米国では5％しかなく、欧州も24％に過ぎなかったため、いかに日本の状況が深刻かということが理解できる。また、**図表1-7**は、主要先進国と比べた場合のTOPIXと日経平均株価のPBRの中央値である。この表からも、いかに日本の株式市場が評価されていないかをうかがうとこができる。

　では、なぜ日本のPBRはそんなに低いのか？　その答えは本文で取り上げているROEに密接に関連してい

図表1-7 ▶ 主要先進国のPBRの中央値の比較

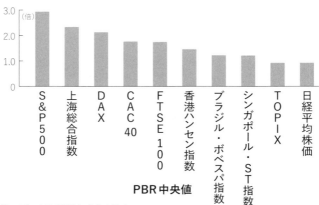

注：データは2023年3月末時点
出所：フィデリティ投信『「PBR1倍割れ改善」の次に東証がすべきことは？』
https://www.fidelity.co.jp/page/editorial/japans-stock-market-reform-gathers-steam

る。

　投資家は会社に投資する前提として、当然、投資リターンを得たいと考えており、市場にいる投資家が集合体として「年間に何％くらいの投資リターンを得たい」と考えているかという期待収益率は「資本コスト」と呼ばれている（資本コストについては、第2章で詳しく説明する）。

　たとえば、資本コストが8％なのに、ROEが7％の会社を考えるとどうだろうか。投資家としては8％のリターンを稼いでほしいのに、ビジネスで7％のリターンしか稼げていないのであれば、会社は投資家からの期待に沿えていないことを意味し、PBRは1倍を下回ることになる。一方で、資本コストが8％なのに対して、ROEが9％の会社は、投資家からの期待を上回っており、PBRは1倍を上回ることになる。要するに、ROEの向上が、PBRの上昇につながるということだ（**図表1-8**）。

　2023年3月、東京証券取引所はプライム市場とスタンダード市場に上場する約3300社に通知文を出した。そのタイトルは、「資本コストや株価を意識した経営の

図表1-8 ▶ ROEと資本コストとPBRのイメージ

ROE ＞ 資本コスト	ROE ＜ 資本コスト
PBR 1倍超	PBR 1倍未満

実現に向けた対応等に関するお願いについて」というもので、上場企業に対してPBRの改善を要請する内容であった。その施策の目玉のひとつとして挙げられたのが、「ROEや資本コストを意識した経営」と、「ROEの向上」であった。

　PBR向上に向け、さまざまな方策を検討している上場企業が現在たくさんあるはずだ。そのカギを握っているのがROEの向上であり、本書ではそのためにはどうしたらいいかについて示唆を与える内容となっている。

第 2 章

マネジメントの性格

CRITERIA FOR
"GOOD COMPANY"
EVALUATED BY U.S. INVESTORS

キャピタルアロケーション

　「高いROEから得たリターンを、同水準以上のROEを得られるビジネスに、継続的に投資できる会社」になるための前提条件として、社長を含む会社のマネジメントがキャピタルアロケーションの重要性を認識している必要がある。キャピタルアロケーションというのは、稼いだリターンをどのように使っていくのか？　という意思決定のことを指す。成長のために再投資することもあれば、従業員や役員の給与・賞与として支払ったり、借金を返したり、株主配当をしたり、と選択肢はさまざまだ。

　投資家のあいだで有名な著書『The Outsiders』のなかで、著者のWilliam N. Thorndike, Jrは「CEOは成功するために2つのことをする必要がある。それは、①社内のオペレーションを円滑に行なうことと、②稼いだお金を再投資することだ」と述べ、ジェネラルエレクトリック社（GE）の元CEOであるジャック・ウェルチと、テラダイン社（Teradyne）のヘンリー・シングルトンを比較した。

　ジャック・ウェルチはご存知のとおり、世界的に有名な経営者であり、1981年から2001年にかけてGEのトップとして会社を指揮した。彼はいわゆるアクティブ・マネージャーとして、会社の日々のオペレーションに深く関与し、上記①

に長けた人物だったといえる。GEはフォーチュン100に含まれる大企業であり、また、会社の顔としてメディアへの露出度の高い人物であったため、「最も偉大な経営者は誰?」と聞かれたときに最も回答の多い人物の一人となっている。

では、客観的に見たときに、本当にジャック・ウェルチは最も偉大な経営者だったのか?

William N. Thorndike, Jrは、客観的な指標としてGE株のパフォーマンスと株式市場全体のパフォーマンス (S&P) を比較し、「彼の任期中にGE株はS&Pの3.3倍上昇した。偉大であることに変わりはないが、ヘンリー・シングルトンの比較にならない」という結論を出した。

ヘンリー・シングルトンは、テラダイン社を1960年代に設立した人物だ。彼は、電子工学の博士号を持ち、マサチューセッツ工科大学の最初のコンピュータを設計した人物としても知られている。ジャック・ウェルチのようなパワフルな経営者というイメージはなく、滅多にメディアに顔を出さなかったために名前はあまり知られていないが、最も偉大な経営者の一人と考えられている。

彼は、上記②に長けた人物であり、会社の稼いだお金をどのように使うかにおいて、他の経営者と大きな違いがあった。彼は、稼いだお金を配当することはせず、選りすぐりの企業の買収と自社株買いに使った (任期中に合計して90%のテラダイン株を自社株買いとして購入したそうだ)。

1963年から1990年までの彼の任期中、テラダイン株は年率20.4%で上昇した。これは、同期間のS&Pの12倍以上の

上昇となる。もし1ドルを1963年に投資していたら、1990年に180ドルの価値になっていた計算だ。この客観的な指標に従うのであればジャック・ウェルチよりも偉大な経営者だったといえる。

　ヘンリー・シングルトンはなぜ偉大な経営者になれたのか？

　その理由は、一般的にわれわれが想像しているリーダー像である「強力なリーダーシップ」、「将来ビジョン」、「業界内のコネクション」などではない。彼が理解していたのは「キャピタルアロケーション」の持つ力であった。キャピタルアロケーションについて、ウェーレン・バフェットは以下の発言をしている。

　「多くの会社のトップはキャピタルアロケーションに精通していない。それは当たり前だ。多くの会社のトップは、マーケティング、製造、研究開発、社内事務、社内政治に長けていたためにトップになれたのだ。彼らはCEOに上り詰めたとき、キャピタルアロケーションという極めて重要な意思決定を行なうことになるのだが、それをマスターすることは容易ではない。たとえるならば、才能のあるミュージシャンがキャリアの集大成として、カーネギーホールで音楽を演奏するのではなく、中央銀行の会長に任命されるようなものだ」

"The heads of many companies are not skilled in capital allocation. Their inadequacy is not surprising. Most bosses rise to the top because they have excelled in an area such as marketing, production, engineering, administration, or sometimes, institutional politics. Once they become CEOs, they now must make capital allocation decisions, a critical job that they may have never tackled and that is not easily mastered. To stretch the point, it's as if the final step for a highly talented musician was not to perform at Carnegie Hall, but instead, to be named Chairman of the Federal Reserve."[6]

　キャピタルアロケーションについては、大学などで専門的な勉強をしない限り、学校でも職場でもとくに学ぶ機会のない分野である。それを会社のトップになった途端に求められるのは大変酷な話だ。

　そのため、ここではあまり世間に認知されていないキャピタルアロケーションという仕組みについて、どのような選択肢があるのか、どのような場合にどの選択肢を選ぶべきなのか、といった全体像を紹介したい。

　会社が出資を受けたり、利益としてお金を稼いだりした場合、そのお金の使い道としては大きく下記の5つが挙げられる。

・既存の設備を維持するために必要な設備投資

* 6　Berkshire Hathaway annual reports, 1987

- 将来の成長に向けた設備投資
- 目に見えない資産への投資
- 買収
- 株主還元（配当および自社株買い）

　このうち、いちばん上の「既存の設備を維持するために必要な設備投資」については、マネジメントの意思決定によるものというより、毎年払わなければいけない維持費用の性質があることから、ここでは特段触れない。それ以下の４つについては、会社がROEを成長させていけるのか、逆にROEを棄損させていくのか、大きな方向性を決定づけることとなるため、項目ごとに見ていきたい。

①将来の成長に向けた設備投資

　将来の成長に向けた設備投資とは、会社が将来の成長のために拠出する投資であり、たとえば、製造業者であれば生産のキャパシティーを高めるために新たな工場を建設する投資であったり、小売業者であれば店舗数を増やすための投資であったり、IT企業であれば通信速度をより高めるためのデータセンターの増設であったり、クラウド化への移行に向けた投資などが含まれる。

　この項目は、次に挙げる「目に見えない資産への投資」とともに、キャピタルアロケーションにおいて最優先項目であるといえる。③で取り上げる他社の買収と異なり、自社が内部的に行なう成長になるので、「どのような投資が必要か」、

「どれくらいのリターンが期待できるか」「成功確率はどのくらいか」といった内容について、ある程度知見があるはずであり、成長に向けた「確度」の高い投資であるといえる。

②目に見えない資産への投資

　前述の設備投資は目に見える投資を前提としているのに対し、こちらは文字どおり、目に見えないような資産に対して行なう投資を指す。ここではそのなかでも将来の成長に大きく関わる投資として、ブランドへの投資、人材への投資、研究開発への投資を取り上げる。

　まず、ブランドへの投資としては、企業イメージの貢献に寄与するような広告、プロモーション、サービスへの投資等が含まれる。アメリカにおいてスターバックスでコーヒーを買う場合、いちばん小さいカップのコーヒーで4ドルくらいするが、たとえば、もう少し無名のコーヒー店であれば同じようなクオリティであっても3ドルくらいで買えるし、ガソリンスタンドの横にあるようなコンビニでは1ドルで買える。

　われわれがそれでもスタバを愛用するのは、「スタバであれば毎回期待した味のコーヒーが買える」からであったり、「新しいフレーバーのおしゃれな商品がある」からであったり、「おしゃれなお客と店員の一部になれる優越感」であったりするかもしれない。このような価値は目に見えないが、長期的に企業の競争優位として機能し、他社への参入障壁としても機能する。

　次に、人材への投資であるが、これには、従業員の成長の

ためにどれくらい投資しているか、リテンション向上のための福利厚生にどのくらいお金をかけているか、といった内容が含まれる。従業員が必要なトレーニングを受けることで、年々の従業員1人あたりの生産性が高まれば、企業の業績に貢献していく。一方、十分なトレーニングを受けなければ、生産性が上がらないまま給料だけが上がってしまうこともあるだろうし、福利厚生を怠れば、トレーニングを受けた従業員が辞めてしまう（もっと悪いケースでは、競合他社に移ってしまう）こともある。したがって、優秀な人材を育て、その人材が長期的に企業にとどまるような仕組みをつくることが会社が長期的に成長していくうえで重要となる。

　最後に、研究開発への投資が挙げられる。新しい技術が次々と生み出される現代において、新しい技術の開発や知識の蓄積に対して投資を行なわないことは、企業が将来的に成長していく機会を捨ててしまうとともに、会社の技術と知識が陳腐化してしまうことで将来的に存続できなくなってしまうリスクを高める。

　製薬会社であれば、どんなに期間とコストがかかろうと新薬の開発をやめてしまえば将来存続していくことができない。大手自動車メーカーであっても、経費節約の名目で、電気自動車や燃料電池自動車等の新しい技術への研究開発を怠れば、将来の競争で駆逐されてしまう。投資家は、そのような観点から、会社が売上に対してどれくらいの比率で研究開発にお金を使っているかを確認するケースが多い。その比率が年々低下していたり、同業他社の水準と比較して低かったりする

と、「将来的に技術的な優位性が低下していくのではないか？」、「マネジメントは直近の利益ばかりを気にして将来的な成長を軽視しているのではないか？」という疑念を抱くことになる。

③買収

　買収は「外部的成長」と呼ばれ、自社の自力による成長である「内部的成長」に比べ、質の悪い成長といわれるケースが多い。それはなぜか。

　買収することによって、会社の規模は当然大きくなる。市場シェアが上がり、売上も、利益の金額も大きくなるかもしれない。ただ、たんに規模を追い求めるだけの買収は企業価値を棄損する可能性があることに留意する必要がある。買収にあたり、いくらの金額を払い、その投資に対して、どれくらいのリターンを上げることができるのか？　また、そのリターンは、買収をしようとしている会社の現状のROEより高いか？　このような問いについて、明確に答えられるマネジメントはそれほど多くない。

　マネジメントに対し買収についての根拠を質問したときに、「シナジーがあるから」、「グローバル企業となるため海外進出の足掛かりとしたいから」、「事業を分散させたいから」といった質的な回答のみが返ってきて、数字的に買収の合理性を説明できない場合には、結果的に企業価値を棄損する買収となる可能性が高い。

　もちろん、内部的成長よりも投資リターンの高い外部的成

長は存在し、そのような投資は会社のROEを向上させてい
くこととなる。要は、マネジメントが買収に関して、規模の
成長のみならず、ROEの向上を意識しているかどうかが重
要となる。

④株主還元

　株主還元としては、配当と自己株式の取得がある。これら
は、会社が前述のような然るべき投資を行なった後に、手元
に残った余剰資金を使って行なうものである。もし、余剰資
金について株主還元を怠ると、会社内部には必要のない現金
が積み上がることになり、会社としてのROEを下落させて
いく要因となる（この点については後ほど詳しく述べる）。

　自己株式の取得については、近年、市場からのプレッシャ
ーにより実施する日本企業が増えてきた。しかし、自己株式
の取得のあるべきメカニズムについて理解している企業は多
くない。自己株式の取得は、マネジメントが考える自社の本
質的な価値に比べ、株価が割安となっている場合に限り行な
うべきである。

　マネジメントが自己株式買いをするということは、内部事
情をいちばんよく知っている内部者が「いまの株価は安すぎ
る」というシグナルを発信することであり、一般的に、市場
全体にポジティブなメッセージを送ることになる。マネジメ
ントは割安な価格で自社の株を買い、その株を消却[*7]する
ことで1株当たりの価値を向上させたり、後日その株を買収
などに活用したりすることで、長期的に企業価値の向上につ

なげることができる。一方、市場からのプレッシャーが厳しいからといって、株価が割高になっているときに自己株式買いをするのであれば、それは長期的に企業価値を棄損していくことになる。

このメカニズムは、より身近なシチュエーションで考えるとより明確になるはずだ。あなたがスーパーマーケットにリンゴを卸している農家であると想像してほしい。農家として、あなたの育てたリンゴ1個の価値は100円くらいであるべきだと知っている。スーパーに行って自分の育てたリンゴが売られていたとき、何円だったら買おうと思うだろうか？　当然、100円未満であれば、100円の価値のものをそれ以下で買えるので、自分で食べても満足だろうし、それを違う店に持って行って100円で売るのもよいだろう。もちろん、120円で売られていたら買う人はいないはずだ。

「安いときに買う」という単純なメカニズムは、自己株式においては機能していないケースが多い。たとえば、2008年の金融危機では、多くの企業は、株価が暴落したにも関わらず、自社株買いについては縮小する傾向があったそうだ。そのような状況下で「安いときに買う」という当たり前のアクションができるマネジメントと、それができないマネジメ

* 7　株式の消却とは、市場に出回っている自社の株を買い取って、会計帳簿上で存在を消し去ってしまうことである。これにより市場に出回っているその会社の株式数が減少する。一方で、企業としての価値の一部を消し去ってしまうわけではないので、「会社の価値／株式数」で計算される「1株当たりの価値」は、分母である株式が減少することで増加する。

ントでは、企業価値の向上という面で大きな差を生み出してしまうことになる。

マネジメントは、上記に挙げた選択肢のなかから、何が最善のお金の使い道かを考え、最適なアロケーションを選択していく必要がある。その選択に絶対的な正解があるわけではなく、会社の業種や、経済状況、会社がいまどのような成長段階にいるのか、といったことを考慮して決定を行なう。

たとえば、成長段階にある会社であれば、自社努力での成長が可能であるため、①の成長に必要な設備投資を行ない、②の目に見えない資産としてブランドの認知度の向上、優秀な人材の採用、新しい技術の開発などにお金をかけるべきであり、無理に外部的な成長を追いかけて買収（③）を行なう必要はないし、将来の成長を犠牲にして株主還元（④）を行なうべきではない。

一方で、成熟期に到達した会社の場合は、安定したお金が毎年入ってくるものの、そのお金を使っても自力で成長することがむずかしくなってくるので、外部的な成長を追い求めて③の買収を検討する必要があるし、買収先として望ましいターゲットがないのであれば、④の株主還元を厚くし、ROEおよび企業価値の向上に努める、という選択を行なう必要がある。

資本コストの考え方

　キャピタルアロケーションを考えるうえで重要な概念として「資本コスト」についても取り上げたい。

　2023年3月、東京証券取引所はプライム市場とスタンダード市場に上場する約3300社に対し、「資本コストや株価を意識した経営の実現に向けた対応等に関するお願いについて」という通知文を出した。この通知文は、上場会社が資本コストや株価を意識した経営を実践することを促すために、上場会社に対し、以下の一連の対応について、継続的な実施を要請するものである。

①現状分析：自社の資本コストや資本収益性を的確に把握。その内容や市場評価に関して、取締役会で現状を分析・評価

②計画策定・開示：改善に向けた方針や目標・計画期間、具体的な取組みを取締役会で検討・策定。その内容について、現状評価とあわせて、投資者にわかりやすく開示

③取組みの実行：計画に基づき、資本コストや株価を意識した経営を推進。開示をベースとして、投資者との積極的な対話を実施

なお、この一連の対応については、一度実施して終わりということではなく、少なくとも年に1回は進捗状況を分析し、開示をアップデートすることを要請している。

　一般的にイメージが付きにくいのが、①で要請している「自社の資本コストや資本収益性の把握」であろう。ここでいう「資本収益性」は本書でいうところのROEと同義と考えて問題ないため、ROEと読み替えていただければと思う。一方、「資本コスト」とは、「投資家の期待リターン」とも呼ばれるもので、株式市場にいる投資家が集合体として、「この会社に投資することで年間に何％くらいの投資リターンを得たい」と考えているかという期待値であると考えていただければと思う。[8]

　では、「投資家の期待リターン」はどのように決まるのだろうか。その問いに画一的な答えは存在しない。なぜならば、おのおのの投資家が考える「この会社に投資することで年間に何％くらいの投資リターンを得たい」という期待値は、そ

＊8　この注釈についてはかなり複雑になってしまうため、ある程度専門知識がある方以外は読み飛ばしていただければと思う。本文の説明をより正確にお伝えすると、東京証券取引所は、資本収益性の例として「ROE」とともに「ROIC」も挙げ、資本コストの例として「投資家の期待リターン（株主資本コスト）」とともに「WACC（負債と株式の加重平均資本コスト）」も挙げている。ROEと比較する資本コストとして「投資家の期待リターン」、ROICと比較する資本コストとして「WACC」が利用されることが一般的である。第1章の注釈でも述べたとおり、ROEとROICの差は、企業がどのように資金調達をしているのか（株主からなのか、債権者からなのか）を分析要素に加えるか否かにあり、本書の主題から逸れてしまうため、本書では「資本収益性＝ROE」、「資本コスト＝投資家の期待リターン」として説明を行なう。

の時々の景気動向や、会社の置かれているビジネスの状況等によって日々変化するからだ。

　しかし、投資家を集合体として考えたとき、「投資家の期待リターン」は、「投資家がその投資から想定するリスクの水準」を反映して決定されるものと考えられている。

　「リスク」と「リターン」の関係は、一般論として容易に想像できるだろう。投資家は、リスクが高い投資であれば、そのリスクに見合ったリターンを求めるはずであるし、リスクが低い投資であれば、その分、低いリターンでも許容できるはずだ。

　たとえば、ビジネスが多岐にわたり、特定のビジネスがうまくいかなかったとしても他のビジネスでカバーすることが期待できるような大手総合商社のビジネスは、この先数年で急激に業績が悪化し、倒産してしまうリスクは極めて低いといえよう。そのようなビジネスであれば、投資家は「年率8％くらいのリターンがもらえればいい」と思うかもしれない。一方で、上場してすぐのテック企業に投資する場合、将来急激に成長する可能性もあるが、急激に業績が悪化したり、倒産したりしてしまうリスクが相当程度存在すると考えられる。そのような場合には、投資家は「年率12％くらいのリターンがもらえないと割に合わない」と考えるかもしれない。

　このように考えると、資本コストは、次の**図表2-1**のように言い換えることができる。

　では、ここからはより具体的に、資本コストがどのような構成要素から成り立っているかを説明し、投資家が実務上ど

図表2-1 ▶ 資本コストと投資家の期待リターン

資本 コスト	=	投資家の 期待リターン	=	投資家が想定するリスクの 水準から、それに見合った ものとして期待するリターン

のように資本コストを算定しているかを取り上げたい。資本コストは大きく分けて、①リスクフリーレートと、②リスクプレミアムの2つの要素から構成されている（**図表2-2**）。

　まず、①リスクフリーレートとは、文字どおり、リスクが

図表2-2 ▶ 資本コストの構成要素のイメージ

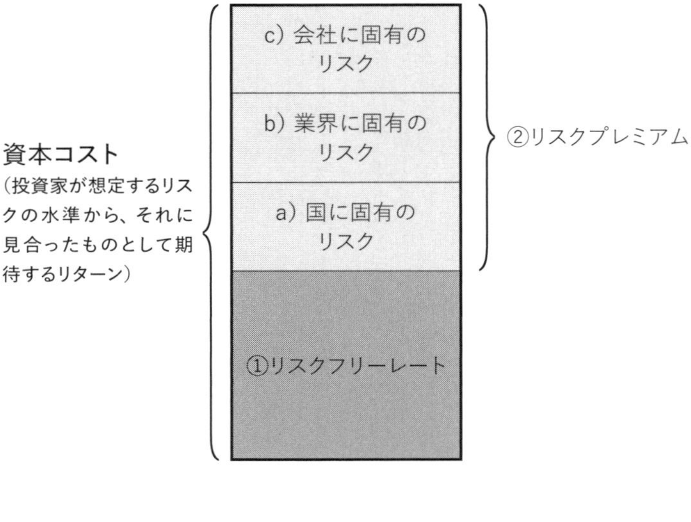

資本コスト
（投資家が想定するリスクの水準から、それに見合ったものとして期待するリターン）

- c) 会社に固有の
リスク
- b) 業界に固有の
リスク
- a) 国に固有の
リスク

②リスクプレミアム

- ①リスクフリーレート

ほぼ皆無の金融商品から得られるリターンを指す。株式市場では、国が発行する長期国債の利回りを利用することが多く、日本の場合には日本国債（10年物）の利回り、米国では米国財務省証券（10年物）の利回りが利用されることが一般的である。これらの利回りが「リスクフリー（リスクがない）」といわれる理由は、日本や米国等の先進国が、将来10年でデフォルト（債務不履行）するリスクは極めて僅少であるためだ。

　もし米国財務省証券（10年物）の利回りが4％なのであれば、この4％は、投資家にとってリスクを負うことなくもらえるリターンだと考えられる。したがって、株に投資するか、違う金融商品に投資するかに関わらず、投資家はこの4％は必ずもらえるものと期待しており、資本コストの一部を構成することになる。

　次に②リスクプレミアムを取り上げる。リスクプレミアムは、リスクのある投資を行なうことで投資家が追加的に期待するリターンを指す。リスクプレミアムについて詳しく説明すると極めて専門的になってしまうので、ここでは、概念的にどのような要素が含まれるかを紹介したい。

a）国に固有のリスク

　このリスクは一般的に「カントリーリスク」と呼ばれる。たとえば、同じように日本で法人化され上場した会社であっても、大部分のビジネスを日本国内で行なっている会社と、大部分のビジネスをアフリカや東南アジアなどの発展途上国で行なっている会社では、そのリスクの水準は異なるはずだ。

この国に固有のリスクの水準は、各国が発行する長期国債の利回りをみると明らかだ。たとえば、前述の10年物国債利回りは、先進国では1桁前半が一般的であるのに対し、アフリカや中東では10％から30％近い水準の国まで存在する。投資家は、その会社がビジネスを行なう国や地域を見たうえで、それに見合ったリターンを要求することになる。

b) 業界に固有のリスク

投資する会社が属する業界によって、業界特有のリスクが存在する。たとえば、景気の影響を受けにくい業界（生活必需品である食品や医薬品を製造・販売する業界や、社会インフラである電力・ガス、鉄道、通信業界等が挙げられる）は、一般的に、景気の影響を受けやすい業界（鉄鋼、化学、素材、機械・建機などの業界が挙げられる）よりもリスクが低いものと判断される。投資家は、業界特有のリスクについても評価し、それに見合ったリターンを要求する。

c) 会社に固有のリスク

同じ国や地域で、同じ業界でビジネスをしていたとしても、個々の会社によってそのリスクの水準は異なる。たとえば、すでに長いあいだ、業界において重要な地位を築いている大企業と、上場したばかりの規模の小さい企業では、投資家が考えるリスクの大きさに大きな違いがあるはずだ（規模の小さい会社に対する投資から投資家が追加的に要求するリターンは「サイズ・プレミアム」と呼ばれる）。

また、会社のガバナンスやカルチャーも会社固有のリスクの評価に大きく関係する。たとえば、過去に会計不正・不祥事が発生していたり、顧客やサプライヤーとの間で問題を起こしたりした経緯がないかについて確認を行なう。もちろん、過去に一度だけ発生したような問題が、ずっと会社のリスク水準に影響を与え続けるわけではない。しかし、投資家は、マネジメントがその問題についてどのように対応したか、その対応は誠実なものであったか、問題の根源は本当に改善されたのかという点を評価する。

　さらに、マネジメントが定着しているかについても重要な評価項目といえる。CEOやCFOが頻繁に交代している場合には、投資家はその理由について理解する必要があり、合理的な理由なく交代が繰り返される場合には、「内部者であるマネジメントがすぐに去ってしまうということは、会社の将来に何か問題があるのではないか」という疑念を持つことになる。この疑念は、投資家による、より高いリスクの評価へとつながり、結果としてより資本コストの上昇へとつながることとなる。

　以上、資本コストの構成要素についてみてきた。繰り返しになるが、資本コストの算定方法について画一的な答えは存在せず、実務的にはかなり感覚的に決められることが多い。まず、スタート地点となるリスクフリーレートについては、「大体4％くらい」ということで、ざっくり決められることが一般的だ。前述のとおり、各国の長期国債の利回りが、リ

スクフリーレートの指標となる。その場合、10年物日本国債利回りの過去数年の推移をみていただければわかるとおり、0％に近い水準で推移しており、リスクフリーレートを文字どおり計算すると0％となってしまう。実務上、リスクフリーレートを0％としないのは、国債の利回りが各国の中央銀行によってコントロールされてしまっているためだ。

　日本では、2016年1月に日銀によるマイナス金利政策が、「マイナス金利付き量的・質的金融緩和」として導入され、金融機関が中央銀行に余分なお金を預けると金利を支払わなければならなくなる仕組みが導入された。中央銀行に余分なお金を預けることによるペナルティーを避けるため、投資や融資といった形で余剰資金が市場に流通するようになり、景気を刺激する効果を狙ったものだ。

　その後、2016年9月の日銀金融政策決定会合では、マイナス金利政策に加え、イールドカーブ・コントロール（長短金利操作）が導入された。これは、日銀が10年物国債の金利がおおむねゼロ％程度で推移するように国債の買入れを行なうことで短期から長期までの金利全体の動きをコントロールすることを指す。2022年以降の国際的なインフレを契機として、マイナス金利やイールドカーブ・コントロールを含む異次元の金融緩和は見直される方向性であるものの、長期国債の利回りは依然として、長期的な期間で見たときの過去の利回りと比較すると極めて低い水準で推移している。

　結局のところ、資本コストの一部を構成する「リスクフリーレート」として何を基準とすべきかについて明確な答えは

ないので、長期的な期間で見たときのグローバルの長期国債の利回りは4％くらいが一般的なので、「大体4％くらい」という決め方がされるのだ。

次にリスクプレミアムについてであるが、こちらも画一的な答えがあるわけではない。Credit Suisse の『Global Investment Returns Yearbook 2023』*9によれば、1900年から2023年までの期間における世界の株式のリスクプレミアムは4.6％であり、将来的には3.5％を見込んでいるそうだ。

投資家は、このような過去の実績値や金融機関が提示する将来の見込みを織り込み、リスクプレミアムの目安として3％〜5％を使用することが多い。そして、その目安に追加して、「このような業種であれば1％プラスしよう」、「この会社はまだ歴史が浅いから0.5％プラスしよう」といった具合に調整を行なう。

以上、資本コストの構成要素を見てきたが、最終的には各構成要素を合計することで資本コストを算定する。たとえば、リスクフリーレート4％、目安となるリスクプレミアム4％、会社に固有のリスクとして1％、を使用する場合、合計の資本コストは9％となるわけだ。

＊9　Credit Suisse Global Investment Returns Yearbook 2023
　　https://www.credit-suisse.com/about-us-news/en/articles/media-releases/
　　credit-suisse-global-investment-returns-yearbook-2023-202302.html

SECTION 2-3 資本コストとROEと金利

　東京証券取引所が、上場企業に対し「自社の資本コストや資本収益性の把握」を要請する意図はどこにあるのだろうか。

　「資本コスト」とは「投資家の期待リターン」であり、「資本収益性」は本書でいうところのROE（株主の行なった投資に対して会社がどれくらいのリターンを生み出しているか）と同義である旨を述べた。すなわち、「自社の資本コストや資本収益性」の把握とは、「投資家が期待するリターンを会社は生み出すことができているか」を把握することを指す。そして、期待に応えられていない場合には、それは株価の停滞（PBR1倍未満）という形で反映されることとなる。

　そのような場合には、マネジメントはどのような方策を講じる必要があるのか？　まずは、東京証券取引所が要請するように投資家が期待するリターンの水準を把握し、その水準を上回るようなキャピタルアロケーションを遂行していく必要がある。投資家が長期的に9%のリターンを期待しているのに、8%のリターンしか得られないような新事業に投資するのでは、投資家の期待が上向くような状況を考えるのはむずかしい。ましてや、投資家が期待するリターンの水準も知らないまま、やみくもに投資することは、さらなる投資家からの失望につながるであろう。

マネジメントは、キャピタルアロケーション遂行上、その投資がなぜ合理的であり、投資家の期待に応えるものであるかを明確にする必要があり、そのような姿勢が株式市場からの評価につながると考えられる。

次に、キャピタルアロケーションから話が外れるが、ここで金利と株価の関係についても取り上げておく。なぜ金利が株価に影響を与えるかといえば、先ほど説明した資本コストと大きな関係があるためだ。

現下の株式市場の状況が日米ともに好調なこともあって少し忘れかかっている人もいるかもしれないが、ほんの少し前の2022年は株式市場にとって大変厳しい年であった。米国における代表的な株式指数であるS&P500をみると、2022年で17％の下落であった（次ジ**図表2-3**）。

一方で、リスクフリーレートとして一般的に使用される米国財務省証券（10年物）の2022年における利回りの推移をみると、次ジ**図表2-4**のように、S&P500とは逆に上昇しており、1.5％程度であった利回りは、3.9％程度まで上昇した。

このリスクフリーレートの上昇と、株式市場の下落は、どのように関係しているのだろうか。

前述のとおり、資本コストはリスクフリーレートとリスクプレミアムから構成される。リスクフリーレートである米国財務省証券（10年物）の利回りが上がれば、それによって資本コストも上昇することになる。2022年は米国財務省証券（10年物）の利回りが1.5％から3.9％に上がったので、資本コストもそれによって2.4％程度上昇したといえる。これはすな

図表2-3 ▶ S&P500の2022年における推移

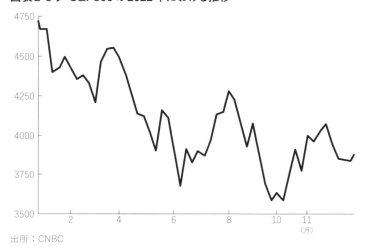

出所：CNBC

図表2-4 ▶ 米国財務省証券（10年物）の2022年における利回りの推移

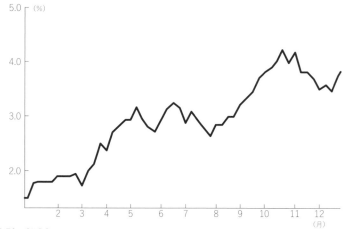

出所：CNBC

わち、投資家が株式投資から期待するリターンが2.4％上昇したことを意味する。

　一方で、この期待リターンの上昇に応えるだけ、会社がROEを上昇できたかといえば、そういうわけではない。むしろ2022年は、コロナ禍をきっかけとする原材料・労務費のインフレや、ウクライナ侵攻によるサプライチェーンの混乱等、多くのビジネスにとってネガティブな年であった。

　結果として、株式投資から期待するリターンである資本コストが上昇したものの、会社が実際に得ることができるリターンであるROEは同程度に上昇することができず、よって、その差分が株価にネガティブに反映されたものと考えることができる。

インフレと株価の関係は？

　前セクションでインフレの話題が出たので、ここでインフレと株価との関係についても取り上げておく。

　金融の世界では、理論上、インフレ下において株式投資は好ましい投資であると考えられてきた。これは、株式を発行している会社の多くは、原材料や人件費などのインフレが起こっても、その影響を、販売する商品やサービスの価格に一定程度反映することができるため、インフレの影響を軽減できるためだ。

　一方で、株式投資ではなく、現金を保有していたり、一定額の現金が将来的に入ってくる債券を保有したりしている場合、インフレの影響を大きく受けることになる。これは、インフレによって物価が上昇する一方、現金の価値は上昇しないため、相対的な現金の価値が減少してしまうためだ（元々100円で買えた商品が、インフレによって120円になった場合を考えると、これは商品の価値が上がったともいえるが、現金の価値が下がったともいえる）。

　インフレ下では株式が望ましい投資と考えられているのにもかかわらず、2022年に株価が下落したのはなぜか？　その答えは、前セクションで取り上げた株価と金利の関係にある。

　米国の中央銀行である Federal Reserve Board（FRB：連邦準備

制度理事会）は、米国において2022年中に前年比8％に達したインフレを抑える目的で、金利の引き上げを実施した。すなわち、FRBが政策金利を調整し、市場全体の金利水準を引き上げることで、過熱気味の景気を抑えようとしたのだ。

　市場全体の金利が上がる場合、われわれ消費者としては、住宅ローンの金利が上がるので住宅を買うのを控えたり、クルマのローンの金利が上がるのでクルマを買うのを控えたり、クレジットカードの金利も上がるので買い物を控えたりしようとする。会社においても、銀行から資金を調達するときの金利が上がるので、お金を借りて成長投資に回すことを控えようとするようになる。これによって過熱気味の景気が沈静化し、インフレも抑えられる、というのがFRBの目的だ。

図表2-5 ▶ 景気、物価、金利、株価の循環

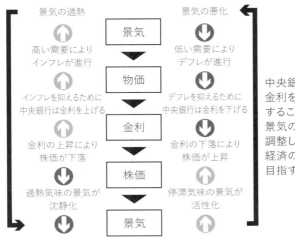

金利と株価の関係は先ほど取り上げたように、金利が上がれば株価が下がる、という関係にあるため、物価、金利、株価の関係は、一般的に前ジ**図表2-5**のように表すことができる。

　ここでいう株価の変動は、金利水準の変動によるもので、個々の会社のビジネスの状況や業績に関わらない変動であることに留意が必要だ。本書では、個々の会社が、どのように企業価値を向上していくかを、ROEに焦点を当てて説明しており、長期的な企業価値の向上は、株価の上昇につながるというスタンスに立っている。しかし、いかに会社が頑張っていようと、短期的には、金利の変動といった外部要因によって、その株価は大きな影響を受けることになる。

　株価の変動がどのような要因によってもたらされているのか、評価を行なうことは非常に重要だ。会社のビジネスそれ自体による要因なのか、それとも、会社がコントロールできない外部的な要因によるものなのか。それがよく区別できない場合、会社のマネジメントは短期的な株価の変動に踊らされ、長期的な企業価値の向上につながらない短絡的な意思決定を行なってしまう可能性がある。また、投資家の立場であっても、会社の質になんら変化が生じていないにもかかわらず、「良い会社」の株式を早期に手放してしまう可能性があるため、注意が必要だ。

現金の考え方

　さて、話をキャピタルアロケーションに戻すと、日本企業におけるキャピタルアロケーションを考えるうえで、重要なトピックのひとつとして、現金保有について取り上げたい。現金保有の考え方については、欧米企業と日本企業のあいだに大きな差異が存在するからだ。

　もし、キャピタルアロケーションに関する意思決定を行なわず、毎年利益として得た現金を積み上げていった場合、ROEは低下していくことになる。それはなぜか。第1章で紹介したとおり、ROEは下記のような式で表される。

　ROE＝稼いだ利益／資本

　分母の「資本」には、株主が出資した金額に加え、毎年利益を得ることで積み上げていった現金の金額も含まれる。そのため、分子の金額である「稼いだ利益」が変わらないものの、分母の金額である「資本」が大きくなることで、計算されるROEは減少することになる。より簡単な言葉でいうならば、「現金を必要以上にため込むことで会社の経済性を示すROEが棄損する」ということだ。

　では、そのような状況があるなかで、なぜ日本企業は現金

をため込むのか。日本企業は欧米企業に比べ、現金を必要以上にため込むことで知られており、目的のない多額の現金が企業内で眠らされていることは国内外の投資家から大きな批判の対象となっている。

日本銀行の資金循環統計によると、民間事業法人（非金融）が保有する2022年末時点の現預金残高は321兆円となっており、過去15年で2倍近くの金額に膨らんだ。奇しくもその間、日本銀行は「異次元緩和」として世の中に供給するお金の量を増やしたものの、実質GDPは過去15年において一桁台の成長にとどまった。日本銀行が供給したお金が、企業による成長投資の促進につながらず、その多くが企業の現預金として眠らされてしまったことを意味する。

日本企業は以前よりも多くの現金を保有しているわけであるが、それを活用したがらない理由はどこにあるのであろうか？　筆者は日本企業のマネジメントと対話をするなかで、下記の3つの理由が大きいと感じている。

①過度なリスク回避

日本のマネジメントは、新卒で入社し定年間近まで働き上げた、たたき上げの人材であることが多い。彼らの上の世代も、その下の世代も、同じように1つの会社にキャリア人生を捧げてきた人たちで構成されている。このような状況下で、会社が蓄積してきた大切な現金を大胆にアロケーションすることができるであろうか。

海外で大きな買収をしようとしても、新事業を立ち上げる

にしても、意思決定には常にリスクが伴う。自分が行なう意思決定によって、何十年も積み上げてきた信用が一瞬にして崩れ去ってしまうかもしれない（それによって期待していた自分の退職金が減ってしまうこともあるだろう）。それであれば、定年までのあと数年、大きな意思決定を行なわず、平和にやり過ごしたほうが楽なはずだ。このようなリスク回避志向が日本企業の根底にあるのではと思われる。

　欧米のマネジメントは、外部から連れてこられた経営のプロで構成されているケースが多い。彼らは初めから問題意識を持って入社するため、入社のタイミングでどのようにキャピタルアロケーションを変革していくかについてイメージを持っている。また、長年築き上げてきた社内のしがらみもないため、大胆な変革が実行可能となるのだ。

②長期ビジョンの欠如

　これも①と根本的な原因は共通すると思われるが、長年働き上げた人材がマネジメントになることで、長期ビジョンが欠如することが考えられる。長年の経験から、現状の延長線上の、比較的短期間のビジョンを描くのは上手であるけれど、たとえば10年後に会社がどのようになっていたいか、どのように大きく舵をとっていかなければならないか、という長期ビジョンを持つ経営者はあまり多くない（10年後には退職している年代の方が多いので、それは当たり前であろう）。現状の延長線上であれば、多額の現金を投資していかなければならない事業というのもあまり多くはなく、よってそもそも投資を必要とす

る事業が存在しないため、余剰現金をため込んでしまうことになる。

　会社が長期ビジョンを持っているか否かは、会社が公表している長期経営計画からある程度判断可能だ。長期ビジョンを持っている会社は、会社の事業ごとにどのようなキャピタルアロケーションを、いつ、なぜ、どのような金額で行なうのかを明確にしている。ターゲットとするROEを中期、長期で明確に示している会社も存在する。一方で、長期ビジョンを持っていない会社は、「ESG」「ROEを重視した経営」「株主還元の強化」といったワードを多用するが、具体的に「いつ、なぜ、いくら」といった基本的な情報に触れていないことが多い。

　筆者の経験上、長期ビジョンの内容が不明瞭であればあるほど、会社が何もアクションを起こさない傾向が強いと感じている。当然、アクションを起こさないため、現金が溜まり続けていくことになる。

③現金至上主義のカルチャー

　米国人投資家から以前、「日本のマネジメントから、会社が保有している現金の多さを自慢された」と言われたことがある。私自身、日本のカルチャーで育ってきたので、マネジメントの発言の意図はよく理解できる。「もし会社が不況に陥ったとしてもしばらくは従業員と取引先にお金を払っていける健全で安心な会社だ」というメッセージだったのであろう。

海外投資家の目線からすると、このようなマネジメントの意思決定はネガティブにとらえられる。彼らは、成長機会があるのであれば投資をし、成長機会がないのであれば株主還元をするべき、と考えている。前述のとおり必要以上の現金を保有することで長期的にROEを棄損していくことになるためである。

　もちろん一定の現金を保有していることは、好不況の波を乗り越えて長期的にビジネスを続けていくうえで重要である。しかし、どれくらいの現金を保有していることが合理的なのかを検討もせずに、やみくもに現金を積み上げる場合には、ROEを棄損し株式市場からの信頼を失うのみならず、本来投資を行なうべきだった事業に投資を行なわないことで著しく変化する世の中の変革についていけなくなるリスクもある。「現金を保有しているから安心」という観点だけではなく、「現金を活用しないことによるリスク」も大いにあることを合わせて検討していく必要があろう。

政策保有株式の考え方

　日本特有のキャピタルアロケーションに関するトピックとしては、政策保有株式も挙げられよう。政策保有株式は、企業間で相互に株式を持ち合う（「株式の持合い」という）ことで、敵対的買収の防止、経営の安定化、取引関係の強化等のメリットを享受する日本独自の慣行で、1960年代から始まったとされている。なお、東京証券取引所の定義によると、株式の持合いに限らず、一方の企業が他方の企業の株式を一方的に保有するのみのケースも含まれるとされている。

　前述の現金保有のケースと同様に、政策保有株式についても、とくに事業上目的のない資産が、ROE計算上の分母となる資本に計上され続けてしまうことで、ROEを低下させる原因のひとつと考えられている。また、投資される側の立場で考えた場合には、株主による監視機能が形骸化されてしまうリスクが存在する。持合いの状態になっている株式が「モノ言わぬ株主」になってしまうことで、本来マネジメントにモノを言う立場にある株主の監視機能が十分に発揮されず、ガバナンス機能が低下してしまう可能性がある。

　そのような観点から、東京証券取引所が2021年6月に公表したコーポレートガバナンス・コードの原則1-4（**図表2-6**）においても、政策保有株式の縮減に関する方針・考え

図表2-6 ▶ コーポレートガバナンス・コードの原則1-4

> **【原則1-4.政策保有株式】**
> 上場会社が政策保有株式として上場株式を保有する場合に
> は、政策保有株式の縮減に関する方針・考え方など、政策保
> 有に関する方針を開示すべきである。また、毎年、取締役会で、
> 個別の政策保有株式について、保有目的が適切か、保有に
> 伴う便益やリスクが資本コストに見合っているか等を具体的
> に精査し、保有の適否を検証するとともに、そうした検証の内
> 容について開示すべきである。
> 上場会社は、政策保有株式に係る議決権の行使について、適
> 切な対応を確保するための具体的な基準を策定・開示し、そ
> の基準に沿った対応を行うべきである。

方を開示するとともに、保有の適否を検証すべきことを規定
している。

　政策保有株式は近年減少傾向にあるものの、未だに慣行と
して存在しており、海外投資家からの風当たりは強い。上場
企業（金融、変則決算除く）約2200社の有価証券報告書を日本経
済新聞が集計した結果（2023年9月21日「政策保有株、見直し遅れ」）
によると、政策保有株式の保有額が純資産の20%以上に相
当する企業は2023年3月期末時点で161社あった（次ジ**図
表2-7**）。

　2022年3月期末（185社）から13%減り、2010年3月期以降
で最も少ない数字であったが、一部企業での政策保有株式は
依然として多い状況にある。政策保有株式の保有額が純資産

図表2-7 ▶ 政策保有株式を持つ企業の状況

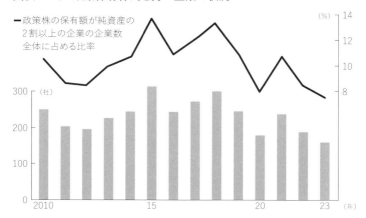

注： 3月期の上場企業の有報約2200社を集計。社数は保有額で純資産の20%以上
　　の政策株を持った企業数

　の20%以上に相当する161社のうち8割がPBR1倍未満とな
っていることからも、株式市場からネガティブな見方をされ
ていることがうかがえる。
　近年、議決権行使助言会社（株式投資を行なう年金基金・投資信託・
大学寄付基金などの機関投資家を顧客として、投資先会社の株主総会議案に対す
る議決権行使について賛成投票・反対投票の推奨を行なう会社）は、政策保
有株式の保有を行なう会社に対し、厳しいスタンスをとって
いる。
　米国の議決権行使助言会社のインスティテューショナル・
シェアホルダー・サービシーズ（ISS）は、純資産に対して許
容される政策保有株式の比率として20%、競合他社である
グラスルイスはそれよりも厳しい10%、という基準を設け、

それ以上に政策保有株式を保有する会社の取締役の選任決議に反対する動きを見せている。

このような動向を受け、上場企業も政策保有株式の削減を進めている。たとえば、大日本印刷は2023年3月に策定した中期経営計画の中で、2028年3月期までに政策保有株式を純資産の10%未満に圧縮する方針を掲げている。また、富士電機は、コーポレートガバナンス報告書のなかで政策保有株式の削減を基本方針として掲げ、2019年3月末時点で102銘柄保有していた上場株式を、2023年3月末時点では、17銘柄まで縮減している。これにより、政策保有株式の純資産に対する比率は20%を下回る水準に圧縮された（**図表2-8**）。

図表2-8 ▶ 富士電機は政策保有株式の削減を実施

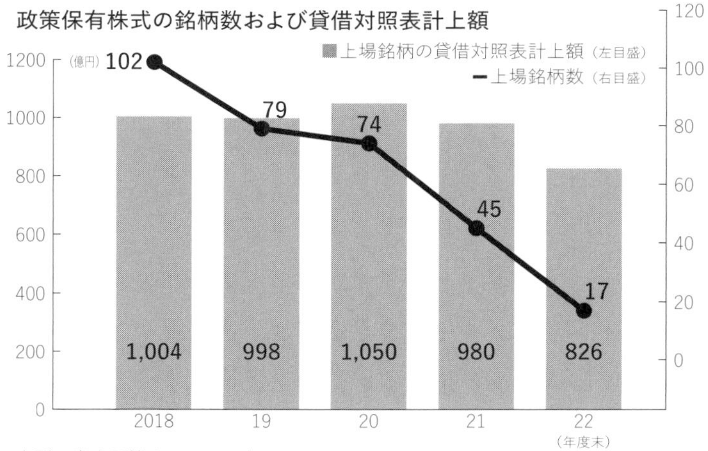

政策保有株式の銘柄数および貸借対照表計上額

出所：富士電機ホームページ

このような議決権行使助言会社によるプレッシャーと、東京証券取引所を中心とするROE向上に向けた取り組みの高まりにより、今後、政策保有株式の解消がより急速に進んでいくかもしれない。

　マネジメントとしては、キャピタルアロケーションの観点から、従来から保有している政策保有株式が本当に必要なものなのかどうかをよく吟味し、必要がないのであれば売却し、成長投資や株主還元に回すことで、より高いROEを実現できるものと考えられる。

ノンコア事業の考え方

　もうひとつ、日本企業のキャピタルアロケーションに関連して、ノンコア事業の考え方について取り上げたい。

　2023年の日本の株式市場はアクティビスト（物言う株主）の影響を大きく受けた年であった。アクティビストの要求には、短期的な株価の上昇を狙った自己株買いや配当を要求するものもあれば、より本質的に、ノンコア事業を整理してどのようにROE（ひいてはPBR）を向上していくかに関する要求も多くみられた。

　米投資ファンドのバリューアクトが、セブン＆アイ・ホールディングスに対し、不採算だった傘下の百貨店子会社、そごう・西武の売却（2023年9月に完了）を要求し、さらに、総合スーパー、イトーヨーカ堂などの不採算事業の売却を要求したことは記憶に新しい。これは、不採算事業から得た資金を、中核のコンビニエンスストア事業に集中することで、より高い収益性を実現することを狙ったものであった。

　日本企業に典型的なノンコア事業のひとつとしては、不動産賃貸業が挙げられる。ROEが低くPBRが低迷する企業は本業といえない賃貸用の不動産を抱えていることが多い。これは、元々、生産拠点として使用していた不動産について、生産拠点が閉鎖されたことに伴い、商業施設などに用途を変

えて保有し続けるケースが典型的だ。本業とは相乗効果のない、不動産賃貸業を営むことでROEが低くなるケースが多く存在する。繰り返しになるが、ROEは下記の算式で計算されるが、分母である「資本」のなかに、不動産が計上されてしまうためだ（不動産の金額は通常多額であるため、ROEに与える影響は重要であるケースが多い）。

　ROE＝稼いだ利益／資本

　なお、不動産は都心部のオフィスでも期待利回りは3〜4％程度とされる。本業でROE10％を実現していたとしても、不動産賃貸業をノンコア事業として営むことで、会社全体としてのROEは希薄化してしまうであろう。また、投資家が株式投資から期待するリターンである資本コストは通常、3〜4％より高い水準であることから、投資家の目線からすると、低収益性ビジネスであるため、賃貸不動産の処分を求めたり、売却資金の本業への投資や株主還元を求めたりすることとなる。＊10
　もうひとつ、日本企業に典型的なノンコア事業の例としては、コングロマリット企業が挙げられる。コングロマリット企業とは、業種が異なる会社同士の合併・買収によって、発

＊10　不動産賃貸業自体が低収益ビジネスというわけではない。不動産賃貸業を本業とする会社は、通常、負債を活用することで株主の期待するリターンを実現している。ここで問題としているのは、不動産賃貸業を本業としない会社が不動産賃貸業を行なうことによるデメリットだ。

達した企業グループを指す。コングロマリット企業になることのいちばんのメリットは、多角化することによって、特定のビジネスがダメになったとしても他のビジネスから安定的に利益を上げることができるため、経営上のリスクが抑えられるという点にある。

　一方で、明確なシナジーが存在しない場合には、たんに業種が異なる会社の集まりとなってしまい、会社にとって本当の強みはどこなのか、どこに資源を集中していくべきなのかが不明確になってしまうリスクがある。そのような理由から、投資家はコングロマリット企業の株価をネガティブに評価することが一般的だ。事業を多角化している企業の株価について、単体の事業を別々に評価して合計した場合の株価よりも低く評価することは「コングロマリットディスカウント」と呼ばれている。

　日本のマネジメントと、ノンコア事業をなぜ売却しないのかについて対話していると、よく理由として挙げられるのは、「ノンコア事業は赤字ではないため積極的にやめる必要はない」ということだ。この回答は、会社の利益の金額にフォーカスを当てるのであれば合理的（存続しようが撤退しようが利益に与える影響は僅少）であるが、ROEに与える影響を無視しているように思う。赤字が出ていなかったとしても、ノンコア事業の資産は会社の資産の一部として計上され続けるため、ROEに悪影響を与え続けることとなる。日本のマネジメントはROEの視点から会社の事業ポートフォリオを見直す必要があろう。

ノンコア事業を切り離して
成功した例

　ここで、コア事業とノンコア事業を再整理し、事業ポートフォリオの変革を通じてROEを向上させた例を取り上げたい。スイス証券取引所に上場しているホルシムグループ (Holcim Ltd.) は、1912年に設立された、セメントとコンクリートの生産において世界最大手の会社だ。ホルシムグループは、2017年に新しいCEOとしてJan Jenischを迎え入れ、事業ポートフォリオの変革を行なっている。**図表2-9**は、会社

図表2-9 ▶ ホルシムグループのROICの推移

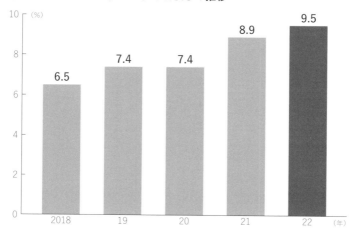

出所：Holcim ホームページ「Full Year 2022 Results - Analyst presentation」

が公表している ROIC の推移である（ROEは公表されていないが
ROEも同様に向上していたと考えてよい。両者を厳密に使い分けない理由は第1
章で述べたとおりだ）。新 CEO の就任後に ROIC が徐々に改善し
ていることが理解できる。

　では、彼は何をしたのだろうか。

　彼は、主に、コア事業として「先進国におけるセメントと
コンクリートの製造業」と「屋根を中心とする環境にやさし
い建築資材」を選定した。また、ノンコア事業として「発展
途上国におけるセメントとコンクリートの製造業」を選定し
た。ノンコア事業から撤退するとともに、その売却資金をコ
ア事業、とくに「屋根を中心とする環境にやさしい建築資
材」に投資したのだ。

　図表2-10は、ホルシムグループが掲げる事業別の売上高
の推移（2020年と2022年）と中期目標（2025年）だ。

　セメント（Cement）、コンクリート（Ready-mix concrete）、骨材

図表2-10 ▶ ホルシムグループの事業別の売上高

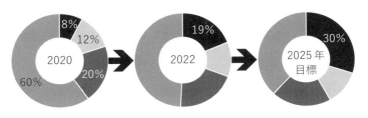

事業セグメント別売上高
■ソリューション&製品　骨材　生コン　セメント

出所：Holcim ホームページ「Full Year 2022 Results - Analyst presentation」

（Aggregates）は、いずれも過去から本業としていたビジネスであり、ソリューション＆製品（Solutions & Products）が新たに開始した「屋根を中心とする環境にやさしい建築資材」を含むビジネスだ。ソリューション＆製品の売上割合が年々上昇し、2025年には全社売上のうち30%がこの新しいビジネスから生み出されることを目標としている。

新CEOは、このように急速に事業ポートフォリオを変革した理由を、以下のように説明している。

「まず、セメントとコンクリートは、その製造や運搬に多くの資産を必要とするためROICを向上していくことがむずかしい。そのため、会社全体としてのROICを高めていくためには、本業であるセメントとコンクリートとシナジーを生み出せる新しい商品カテゴリーに進出していく必要があった。会社は元々、本業を通じてゼネコンや建築業者とつながりがあったため、屋根などの建築資材を販売するルートがすでに開拓されていた。また、セメントとコンクリートはどちらかというと素材であり、それ自体に付加価値を付与することがむずかしく、高い収益性を実現することがむずかしいビジネスであった（そのためROICも一桁台中盤で推移していた）。一方の、建築資材は、環境問題への認識の高まりから、断熱性が高かったり環境負荷の少ない材料を使用したりすることにより、付加価値を付与することが可能なビジネスであった。そのため、そのROICもセメントとコンクリートのそれよりも高い水準を実現することが可能であった。したがって、徐々に、セメントとコンクリートから退出し、建築素材へとシフトしてい

くことで会社全体としてのROICを高めていくことが可能となるのだ」

　また、セメントとコンクリートのなかでも、「後進国におけるセメントとコンクリートの製造業」のみをノンコアと位置付けている。これはなぜか。

　これには前述の資本コストが影響している。セメントとコンクリートは一般的に、政治家との癒着など不正が起こりやすいダーティーな業界だといわれている。先進国であればその不正リスクをある程度抑えることができるものの、発展途上国ではリスクが高いため、新CEOは退出することを決断したのだ。2022年にはインドにおけるセメント・コンクリートビジネスを、インドの巨大コングロマリット企業であるアダニ・グループに105億ドル（約1兆3600億円）で売却している。

　この売却は、新しいコアビジネスへの投資資金を調達することを目的とするのみならず、会社全体のリスクを軽減する目的も持っていた。売却の結果、会社全体のリスク水準が大きく軽減され、資本コストの低下につながった。資本コストは、前述のとおり、「投資家が想定するリスクの水準から、それに見合ったものとして期待するリターン」と言い換えることができる。投資家はホルシムグループのリスク水準が下がったと判断し、よってホルシムグループから期待するリターンも下がる（よって資本コストが下がる）ことになる。

　株価は、理論的に、ROEと資本コストの関係性で決まってくる。すなわち、ROEが上がれば上がるほど、また、資

本コストが下がれば下がるほど、株式市場は株式をポジティブに評価する。そのため、新CEOの下で行なわれているホルシムグループによる事業ポートフォリオの見直しは、ROEと資本コストの両面で、非常に合理的なキャピタルアロケーションであるといえよう。

アクティビスト投資家の功罪

　最近はキャピタルアロケーションに関して、アクティビスト投資家が影響を与えるケースも増えているので、ここで触れておきたい。アクティビスト投資家とは、上場企業の株式を相当程度保有することでその会社に対して影響力を持ち、会社がどのように経営されるべきかについて意見する投資家のことを指す。

　具体的には、経営陣の刷新や、事業の売却、リストラクチャリング、増配や自社株買いといった株主還元策の強化等を提案する。

　アクティビスト投資家が会社の意思決定に影響を与えることには、賛否両論が存在する。アクティビスト投資家が長期的な企業価値の向上を目指してマネジメントに意見をすることで、本質的な企業価値が株式市場に認知されるきっかけになる可能性がある。一方で、アクティビスト投資家が短期的な利益の改善を求め、会社の長期的な成長を阻害する場合には、企業価値を棄損する結果にもつながる。

　アクティビズムがポジティブであることを示す、少し古いデータを紹介する。The Journal of The American Finance Associationが2008年7月に公表した「Hedge Fund Activism, Corporate Governance, and Firm Performance」に

よると、2001年から2006年のあいだにおける米国のアクティビスト投資家のデータを分析すると、アクティビスト投資家が投資したことによって、投資した会社の企業価値が7％上昇し、その7％は長期的にリバースすることはなかったそうだ。[11]

　また、Harvard Law Schoolが2013年8月に公表した別の調査においても、アクティビスト投資家が投資を引き揚げてからの3年間のデータを見ると、投資をされていた会社の株価は上がり続けたとし、一部の批評家が指摘するような「アクティビスト投資家は長期的な成長を犠牲に短期的な利益を追求している」という証拠は見られなかったとしている。[12]

　このようなデータを基にすると、アクティビスト投資家は総合すると企業価値の向上に貢献しているようにみえるが、当然、個々の事例でみると企業価値を棄損することになったネガティブな事例も多数存在する。

　アクティビスト投資家が企業価値を棄損した例として有名なのが、米投資家ビル・アックマンが創設したパーシング・スクエア・キャピタル・マネジメント（Pershing Square Capital Management）が行なった、J.C. Pennyへの投資だ。J.C. Pennyは1902年創業の大手百貨店チェーンであり、全盛期の1970

---

[11] 「Hedge Fund Activism, Corporate Governance, and Firm Performance」 ALON BRAV, WEI JIANG, FRANK PARTNOY, RANDALL THOMAS (July 2008)

[12] 「The Long-Term Effects of Hedge Fund Activism」 Harvard Law School John M. Olin Center Discussion Paper No. 802 (August 2013)

年代には店舗数2000を超える規模まで成長した。1980年代に入りウォルマートやターゲットといったより低バジェットの顧客を対象とした競合との競争が激化し、徐々にその影響力を失っていった。そのような状況で、ビル・アックマンは2010年にJ.C. Pennyの株を全体の17%取得する決断を行なった。彼は、J.C. Pennyが持っている広く認知されたブランド力と、所有する店舗の立地の良さに目を付け、オペレーションの改善、コスト削減、ノンコア資産の売却などを通じて業績を大幅に改善できると考えたのだ。

　ビル・アックマンは最初の仕事としてCEOを変更した。新たなCEOとしてApple社でシニア・バイス・プレジデントをしていたロン・ジョンソンを指名した。彼はApple社においてAppleストアを立ち上げた人物として知られていた。

　ロン・ジョンソンは、J.C. Pennyの伝統的な価格戦略を大きく変更しようとした。J.C. Pennyは通常の店頭価格から、セールやクーポンを利用することによって顧客が大幅なディスカウントを得ることができる仕組みを採用しており、その大幅なディスカウントが顧客の求めるJ.C. Pennyのブランドとなっていた。ロン・ジョンソンはその仕組みを変更し、店頭価格からのディスカウントを中止した。これは、Apple社で働いていた過去の成功体験から、「ディスカウントをしなくても良いものは売れる」というポリシーを持ち込んだためである。

　しかし、J.C. Pennyで売られる商品はApple製品のようにブランド価値が高いわけではなかったため、売上は低迷し、

2012年第4四半期には過去最低の売上を記録してしまう。同時に、低迷する売上から利益を守るために大規模な従業員の解雇も行なった。

　ビル・アックマンとロン・ジョンソンが行なおうとした改革は、結果として裏目となり、長期的な企業価値を大きく棄損する結果となってしまった。ビル・アックマンは失敗を認め、2013年8月に投資を引き揚げている。**図表2-11**は、2010年以降のJ.C. Pennyの株価であるが、2014年には2010年の半分未満の株価になっており、いかに多くの価値が数年で失われてしまったかが理解できよう。

　なお、J.C. Pennyは2020年5月に米連邦破産法11条（日本の民事再生法に相当）の適用を申請し、経営破綻した。現在は再

図表2-11 ▶ J.C. Pennyの株価の推移

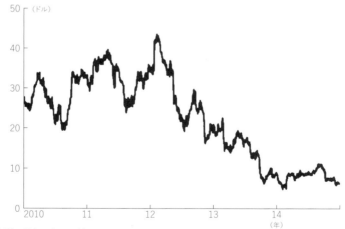

出所：Yahoo！ファイナンス

建中であるが、店舗数は600 〜 700ほどに縮小している。

　このようにアクティビスト投資家がポジティブに働くか、ネガティブに働くかは、ケースバイケースであり、一概に答えを出すことはできない。しかし、アクティビスト投資家が、長期的な目線で企業価値の向上を目的としているかを判断するうえで、一つ基準となる考え方がある。それは、アクティビスト投資家が「パイから自分への分配を増やそうとしているか？」それとも「パイそれ自体を大きくしようとしているか？」である。前者を「パイ分配」とし、後者を「パイ成長」とすると、そのイメージは**図表2-12**のようになる。

　ここでいう「パイ」とは、会社が分配できるお金の全体額と考えていただきたい。会社はパイの中から、どのくらいの

図表2-12 ▶ アクティビストの２つのイメージ

パイ分配のイメージ　　　　　　パイ成長のイメージ

同じ割合のピースを大きいパイから得る

同じ大きさのパイから
高い割合のピースを得る

割合を成長投資に回そうか、役員や従業員に回そうか、負債を返済しようか、株主に還元しようか、といった意思決定を行なう。すなわち、決まった大きさのパイからその分配を決定する。このパイの大きさは短期的には一定であるが、長期的に見ればパイ自体を大きくすることはできる。たとえば、成長投資を継続すればビジネスが成長し、将来的には会社が分配できるお金の全体額、すなわちパイが大きくなる。

アクティビスト投資家の要求するアクションが「パイ成長」を目的としたものである場合には、それが長期的な企業価値の向上につながる可能性が高いものと考えられる。一方、投資家が得られる「パイ分配」を上げることが目的である場合には、それが長期的な企業価値の棄損につながる可能性が高い。

たとえば、従業員を解雇したり賃金を節約したりする一方、株主還元を厚くする場合、それは従業員へのパイの分配を減らし、株主へのパイの分配を増やしただけである。また、会社が抱えるノンコア資産を売却し、その売却資金を成長投資に回すのではなく単純に株主へ分配する場合、これも会社が元々抱えるパイを一時的に株主へ分配しただけであり、パイ自体を大きくするアクションではないといえる。

アクティビスト投資家は、一般的に、長期的な企業価値の向上を目的と掲げ、短期的なリターンを目的としていることは（本当はそれが目的であったとしても）言わない。投資を受けた会社は、アクティビスト投資家の本当の目的をよく吟味する必要があろう。

SECTION 2-10 マネジメントのタイプ

　ウォーレン・バフェットは、2010年5月にFinancial Crisis Inquiry Commission (FCIC) とのインタビューにおいて、なぜ投資格付け会社のムーディーズに投資することにしたのかを聞かれた際に、ムーディーズの経営者について下記のように発言した。

　「ムーディーズのマネジメントについては何も知らない。過去にも同じことを言っているが、評判の良いマネジメントが、収益性について評判の悪い会社に入ったとしても、会社の悪い評判を変えていくことはむずかしい」
　「もしあなたが良いビジネスを持っていたら、もしあなたが市場を独占している新聞社を持っていたら、もしあなたがテレビ局を持っていたら、あなたの出来の悪い甥でも経営できるはずだ。本当に良いビジネスを持っているということは、そういうことだ」
"I knew nothing about the management of Moody's. The ― I've also said many times in reports and elsewhere that when a management with reputation for brilliance gets hooked up with a business with a reputation for bad economics, it's the reputation of the business that remains intact."

"If you've got a good enough business, if you have a monopoly newspaper, if you have a network television station — I'm talking of the past — you know, your idiot nephew could run it. And if you've got a really good business, it doesn't make any difference."

　ウォーレン・バフェットは以前から、会社のビジネスモデル自体が最も重要であり、それに比べるとマネジメントは重要ではない、という考え方を持っている。彼の考え方からすると、マネジメントが良いから「良い会社」、マネジメントが悪いから「悪い会社」、と決めつけるべきではないということになる。このような考え方は、ある会社がすでに業界において独占的な地位を築いていたり、他社が真似できないようなビジネスモデルが確立したりしている場合に当てはまる理論であろう。一方で、そのような独自の地位を確立できていない会社の場合には、マネジメントの良し悪しは、会社の方向性を大きく左右することになると考えられる。
　筆者が対話をしてきた日本企業の経営者を類型化すると、大きく以下の3つのタイプが存在する。

　①創業経営者
　②外部からきたプロ経営者
　③内部から昇進してきたサラリーマン経営者

　まず、①の創業経営者は、文字どおり、自分で会社を創業

し、大株主であるとともに、自らも経営に関与している経営者を指す。創業経営者は、自身の家族もマネジメントの一員となっていたり、一族で大株主になっていたりするため、キャピタルアロケーションを含む経営上の意思決定において、長期的な目線を重要視する傾向がある（自分の子供や孫の将来までその会社の将来にかかってくるので当然だ）。

　また、自らが絶対的な権限を持っているため、ミスを恐れずに、大胆かつ迅速な意思決定を行なうことができるという特徴もある。長期的な目線で投資を行なう株主の視点からすると、経営者自身も株主であることから基本的に利害が一致しており、好ましいタイプの経営者であると認識されるケースが多い。

　IE Business Schoolが欧州の一族経営企業を対象に行なった調査によると、一族経営企業は、地域やセクターを問わず、市場での企業価値、成長性、資産効率等の項目において一族経営ではない同業他社の数値を上回ったという。[13]

　ただし、このような経営体制が効率的なキャピタルアロケーションにつながらないケースも存在する。たとえば、創業一族が、大株主として安定的な配当を得ることを目的として、会社の成長投資を犠牲にしてまで株主還元にお金をアロケーションしてしまう場合などが挙げられる。

　次に、②の外部からきたプロ経営者は、欧米の会社に多く

---

* 13 Value creation in listed European family firms (2001 - 2010) by Academy Management Journal (2015)

存在するが、日本においては主流となっていない。前職で実績を上げた経営者が、その成功体験を他社でも実践することを期待されて、外部から連れてこられるケースを指す。

　外部から連れてこられた経営者は、その業界に精通した業界のスペシャリストであることが多いが、業界には精通していないものの、ある分野のスペシャリストと考えられる人材が連れてこられるケースもある。たとえば、これからインターネットでの商品販売を重視しようとしている会社が、インターネットでのマーケティングやブランディングに実績のあるスペシャリストを連れてくるようなケースだ。

　外部からきたプロ経営者は、外部者であることで内部的なしがらみに邪魔されることなく合理的な意思決定を行なうことができるという利点がある。一方で、①の創業経営者とは異なり、その意思決定が、会社の長期的な利害と一致しているとは限らない。その会社を自分のキャリアアップの1ステップと考えているのであれば、(自分がもっと大きな会社の経営者に採用されるまでの) 短期的な利益を重視して意思決定を行なっている可能性があるからだ。

　最後に、日本で圧倒的に多いケースとして、③のサラリーマン経営者が挙げられる。若くして入社し、多くのライバルがいるなかでトップまで上り詰めた人材であるため、人望が厚く、社内の状況をよく把握しているとともに、深い業界知識を持っている非常に優秀な方が多い。しかし、そのような人材は部門トップなどの管理ポジションには最適であるものの、優秀なキャピタルアロケーターであるという保証はない。

長く勤めた会社であることから、②の外部からきたプロ経営者よりも、長期的な目線で意思決定が行なわれるであろうとある程度期待できる一方、内部的なしがらみから、彼らのように合理的な意思決定が行なえない可能性もある。投資家としては、このような経営者が、優秀な管理者か否かではなく、優秀なキャピタルアロケーターであるか否かを見極めることが重要であると考えている。

会社のカルチャー

　投資家としてさまざまな会社のマネジメントや従業員と対話していると、業界および個々の会社のカルチャーは本当に幅の広いものであると認識できる。起業家精神にあふれ株式市場との対話に積極的な会社もあれば、技術者集団であり研究開発には興味があるものの株式市場との対話にはまったく興味を持っていない会社も存在する（ミーティングをセッティングするために連絡をとっても、返事すら返ってこない会社も多々存在する）。

　長期投資家の目線からすれば、いちばん大事なのは本業で成長していけるか否かであることから、一概に株式市場との対話に積極的でない会社が悪いというわけではない（むしろ本業で大事なことがあるのであれば、そちらを優先すべきだ）。しかし、ある一定の信頼関係を株式市場と構築できなければ、その企業の株価は低迷し、企業価値が減少していくことで、本業に必要な資金調達がむずかしくなるなど、本業に支障をきたす状況へつながる。他社に買収されてしまうことすら考えられよう。

　株式市場から正当な評価を得て、本来成し遂げられるべき成長を実現していくためには、会社が株式市場と長期的な信頼関係を築いていくことが極めて重要となる。ここでは、そのような関係を築いていくためにどのようなコーポレートカルチャーが求められるかについて、何点か取り上げたい。

• 会社の誠実性

　会社のマネジメントやIR担当者[14]は、当然、自分の会社の株価を上昇させたいというインセンティブがある。そのため、会社の業績や、新しい商品やサービスの開発状況、ESGへの取り組みなど、基本的にはできるだけ良い情報を強調して、悪い情報についてはできる限り触れないようにする傾向がある。

　投資家としては、もちろんポジティブな話を聞きたいので、その場では会社のマネジメントやIR担当者の話を聞いて満足することになるが、後になってその話がポジティブな面を誇張したものであることに気づいた場合、「あの会社は誠実ではない」と判断されてしまう可能性がある。投資家は、日常的に他の投資家と情報交換をしており、「あの会社は誠実ではない」という話が広まってしまうと、それが株式市場全体の共通認識となってしまう可能性すらある。そのようなリスクを避けるためには、ポジティブな話だけではなく、ネガティブな話も含めて、誠実にコミュニケーションを行なうことが重要だ。

　以前、欧州の広告会社のマネジメントとミーティングをした際の話を取り上げたい。その広告会社は、紙ベースの広告を駅やバス停などの人の目につくところに出すことによって、広告主から収益を得るビジネスを経営していた。ところが、

----

[14] インベスターリレーション（Investor Relation）の略であり、投資家とのコミュニケーションを担当する担当者およびその部署を指す。

この十数年のあいだに、広告の主戦場はインターネットに場所を移し、フェイスブックやグーグルに広告業界におけるシェアを奪われる状況が続いていた。その会社に「この先10年を考えたときのチャレンジは何か？」と質問をしたところ、そのマネジメントは（1時間のミーティングのうち）30分を費やして、会社が置かれている現状、いまアクションをとらなければどのような深刻な状況に陥るか、といったネガティブな状況を包み隠さず説明したのだ。多くの会社のマネジメントが、できるだけ素早くポジティブなトピックに話題を移すのと比べ、大きく違う印象を受けた。

　投資家としてはポジティブなことだけを聞いて後で後悔するよりも、ネガティブなことも含め会社を理解したうえで、長期的な関係を築いていきたいという気持ちが強い。投資家と困難を共有し、一心同体で困難に立ち向かっていくようなスタンスでコミュニケーションを行なうことで、より強固な信頼関係が構築できるように思う。

• 会社の永続性

　投資家として長期的に投資をする大前提として、マネジメントが長期的な目線でビジネスを行なっているかを検討している。会社が長期的な目線を持っているか否かは、ミーティングをして質問を行なうだけでは把握することがむずかしい。口先だけなら誰でも長期的な成長を重視していると言えてしまうためだ。そのため、会社が稼いだ現金を実際にどのようにアロケーションしているかを見ることが重要であると考え

る。実際のお金の動きは嘘をつけないからだ。

　たとえば、短期的な利益を向上させる目的で広告宣伝費や研究開発費を削り、それを役員へのボーナスとして分配してしまうのであれば、長期的な会社の成長よりも短期的な個人の利益が優先されるカルチャーが存在するのではないか、と考えてしまう。また、短期的な規模の成長を重視して、投資リターンの低い買収を繰り返す場合には、それも長期的な会社の成長よりも短期的な成果を上げるために行なわれている可能性が高い。長期的な目線で投資を行なう投資家は、短期的には成果にならないものの長期的な成果につながるような支出（広告宣伝費、研究開発費、人材育成など）にどれくらいお金を割り振っているかを把握し、その会社のマネジメントが将来の持続的な成長をどれだけ重視しているかを評価している。

　また、会社がどのような賞与体系を構築しているかを確認することも有益だ。短期的な成果を重視した会社であれば、比較的短期的な売上や利益の金額にボーナスの金額がリンクした賞与体系になっているかもしれない。一方で、長期的な成果を重視した会社であれば、長期的な株価の上昇に連動した内容になっていたり*15、長期的な企業価値の向上（たとえば将来のROEの水準）にリンクした賞与体系を採用していたりす

＊15　具体的にはストックオプションという仕組みがある。ストックオプションとは、株式会社の従業員や取締役が、自社株をあらかじめ定められた価格で取得できる権利を指す。これを付与された従業員や取締役は、自社の株価が将来的に上がれば、その分、利益を得ることができるため、株価向上に向けたモチベーションが向上すると考えられる。

るかもしれない。

　なお、ここでは「マネジメントが会社の永続性を重視していないのでは？」との疑念を抱かせるケースとして、会社内部者による自己株式の売却についても触れたい。

　会社内部者は、会社のことをいちばんよく知っている人たちであり、その人たちが自社の株を売るということは、「会社の将来に何か問題があるのでは」という極めてネガティブなメッセージを株式市場に送ってしまうことが多い。もちろん、創業経営者が株式市場での上場基準をみたすために株式を売却する必要があるなど＊16、合理的な理由がある場合は別であるが、売却のタイミングやコミュニケーションの仕方に十分気を配る必要がある。

　実際に起こったケースとして、期待外れな決算発表をする数カ月前に自社株を売却したマネジメントに遭遇したことがある。期待外れな決算発表の前には、そのマネジメントはポジティブな発言をしており、高い株価で彼らは自社株を売却することができた。その後、決算発表後に株価は暴落することになった。このようなマネジメントは、会社の永続性よりも、短期的な自分の利益を優先していると言わざるを得ず、市場からの信頼を大きく失うことになる。

・会社の起業家精神

....

＊16　たとえば、プライム市場に上場するためには、市場で流通する株式の比率（流通株式比率）を 35% 以上にする必要がある。

進化論で有名なチャールズ・ダーウィンは、「生き残る種とは、最も強いものではない。最も知的なものでもない。それは、変化に最もよく適応したものである」という名言を残した。これは企業にも当てはまるものであり、将来を見据え、先手先手で新しい事業に投資を行なわない限り、成長を持続していくことは困難である。

　動画ストリーミングサービスのNetflixはその最たる例といえる。Netflixは元々、DVDの宅配販売・レンタルを行なう会社であった。共同創設者のReed Hastingsは、「人々は将来的にインターネットで動画を観るようになるはずだ」と確信し、2007年にインターネットでの動画配信を始めた。その後、自らがコンテンツ制作に携わることを決定し、2011年には大ヒットシリーズのHouse of cardsを生み出し、Netflixの登録者を大きく成長させることに成功した。いまでは、フェイスブック、アマゾン、グーグル等とともにグローバルIT企業の仲間入りをしている。

　一方、Netflixのライバルで、一時は全米各地に3000店舗を展開していたDVDレンタルチェーンのBlockbusterは、動画ストリーミングサービスの普及によって2010年に倒産に追い込まれた。マネジメントが、インターネットの普及と消費者の嗜好の変化をうまく捉えられなかった結果といえよう。

　新しい事業をスタートすることにはリスクが伴う。リスクを極端に嫌う企業は、目先の数年は生き残りが可能であるが、長期的に存続していくことはむずかしい。投資家として

会社の起業家精神を判断するうえでは、CEOとの面談を重視している。面談のなかでは、CEOが時代の変化を捉えようとしているか？　新しい挑戦を行なう姿勢を持っているか？　それを会社全体のカルチャーとして普及させる努力を行なっているか？　従業員の起業家精神が適切に評価される仕組みが構築されているか？　といった点を確認する。また、CEOのみならず従業員の方と対話をするのも有益だ。従業員の方は、当然、投資家とのコミュニケーションのプロではないため、会社のカルチャーをありのままに反映していることが多い。起業家精神が浸透している会社と、浸透していない会社とでは、従業員の方の話の熱量に大きな違いを感じることができる。

空売り投資家は何を見ている？

　空売り投資ファンドとして有名な米マディ・ウォーターズの創設者であるCarson Blockの講演に出席したことがある。「空売り」とは、株式を借りて売ることであり、要は、会社の株価が下がると利益が出るような投資手法である。空売り投資家は、株価が下がるであろうと予想される会社に対して空売りを行ない、実際に株価が下がれば投資利益を生むことができる。そのため、会社にとってネガティブな何かを常に探しているようなファンドだ。

　彼が話したなかで印象に残っているのは、空売りの対象を探すうえでのスタート地点は、「法律自体には違反していないが、法律の精神に違反しているようなマネジメントの行動だ」というメッセージだ。

　「法律の精神」に違反するマネジメントの例として、2つのレッドフラッグを挙げた。1つ目は、やたらとバズワードを使い、目新しい取り組みについて重点的に説明するが、それがうまくいかなかった場合には、数年後にとくに説明なしにこっそりと説明資料などから消し去るようなマネジメントだ。健全なマネジメントであれば、当然、なぜうまくいかなかったのかを社外に説明すべきであり、それを隠すようなマネジメントはもっと大事なことも隠しているはず、と考えるのだそうだ。

2つ目は、投資家とのQ&Aにおいて、投資家が本質を突く厳しい質問を行なった場合に、それに対して真正面から回答するのではなく、長々とした説明をした挙句、最終的に直接的な回答をしないようなマネジメントだ。投資家は会社のことをよく理解しているといっても、内部者であるマネジメントのようにすべてを理解しているわけではないため、長々とした説明をされると混乱してしまい、「いまの回答は自分の質問の答えになっているのか？」というクエスチョンマークを頭に残したまま、次の質問者に順番が移ってしまうことがよくある。そのようなマネジメントも誠実性に大きな問題があるといえよう。

　彼は、このようなレッドフラッグを見つけるために、過去何年分もの会社の開示資料や投資家との議事録を見返しているそうだ。マネジメントは、投資家からの追及を避けるために、その場しのぎで投資家の聞きたいようなポジティブな情報ばかりを発信していると、強いしっぺ返しを食らうということを認識する必要がありそうだ。

第3章

ビジネスの性格

CRITERIA FOR
"GOOD COMPANY"
EVALUATED BY U.S. INVESTORS

成長の質

　本書における「良い会社」の定義である、「高いROEから得たリターンを、同水準以上のROEを得られるビジネスに、継続的に投資できる会社」になるための条件として、投資を行なうビジネスが、投資時点の会社のROE水準を維持もしくは向上させるものである必要がある。したがって、第2章で説明したとおり、投資時点の会社のROE水準を上回る投資機会が存在しないのであれば無理に投資を行なうのではなく、成熟企業として株主還元を厚くする等、現金をため込まないことで、会社の現状のROEを維持していくことが必要になる。

　では、会社のROEの水準を維持・向上できるような投資機会が存在し、成長への投資を行なうことが適切である場合、会社はどのような点に気を配るべきであろうか。投資家は、一般的に、会社の「成長の質」を検討する。成長の質の良し悪しは、個々の会社の置かれている状況によって変わるため、一概に判断することはできないが、一般的には**図表3-1**のように整理される。図では、成長の質がいちばん高いのはオーガニックかつマクロ環境への依存度が低い場合で、成長の質がいちばん低いのはノン・オーガニックかつマクロ環境への依存度が高い場合となっているが、これがどういうことを意

図表3-1 ▶ 成長の質を見極めるには?

味しているのかについて、順に説明していく。

①オーガニックとノン・オーガニック

　まず、会社が成長投資をするケースとして、大きく2つの
ケースに分けられる。1つ目は、会社自身で内部的に成長す
るケース（オーガニックと呼ばれる）であり、これには、自社で研
究開発を行なって新商品を開発したり、新規事業を開始した
りする投資や、海外拠点を開設して海外市場へ進出するため
の投資などが含まれる。2つ目は、他社を買収することで外
部的に成長するケース（ノン・オーガニックと呼ばれる）であり、自
社で研究開発や新規事業への投資を行なう代わりに、他社の
持っている技術や事業を丸ごと買い取ってしまうケースであ

ったり、海外顧客への販路を迅速に確保するために海外の同業他社を買収するようなケースであったりすることが一般的だ。

オーガニックとノン・オーガニックでは、それぞれ**図表3-2**のようなメリットとデメリットが考えられる。

オーガニックの場合のいちばんのメリットは、成長への確実性を一定程度担保できる点だ。内部的に人材を確保して、競争環境や自社の強み・弱みなどをよく理解したうえで投資できるため、成長スピードや投資の成功確率などについてある程度イメージを持ったうえで投資を実行することができる。一方で、ノン・オーガニックの場合には、多くの不確実性が含まれる。買収前には当然、買収先企業の評価（デューデリジェンス）を行なうが、それでも買収先企業のすべてを理解する

図表3-2 ▶ オーガニックとノン・オーガニックの比較

	メリット	デメリット
オーガニック	• 成長の確実性が高い • 買収プレミアムを払う必要がない。	• 成長スピードが遅い • 市場シェア競争に取り残される可能性
ノン・オーガニック	• 成長スピードを加速できる可能性がある • 市場シェアの統合	• 成長の確実性が低い • 買収プレミアムを払う必要がある

ことは困難である。多くの企業が、買収前に思い描いた結果が得られずに投資先企業から損失を計上する結果となるのはそのためだ。

　また、オーガニックの場合には、買収プレミアムを払う必要がないというメリットもある。他社を買収する場合には、買収先企業の株価に20〜30%のプレミアムを上乗せして買収することが一般的だ。買収プレミアムとは、買収先企業のブランド価値や、知的財産・ノウハウ等の目に見えない価値に対して払われたり、買収することによるシナジー（たとえば生産設備の統合によるコスト削減シナジー）に対して支払われたりするものである。

　このような価値は、正確に計算することはむずかしく、買収を行なう企業の判断に基づくことになる。結果として、本来支払う必要のなかった割高の買収プレミアムを支払ってしまう可能性があるのだ。[17] その点、オーガニックの場合にはそもそもプレミアムを払う必要はないので、より割安で成

＊17　アメリカの理論経済学者ジョージ・アカロフが1970年に論文で用いた「レモン市場」という用語は、低品質の中古車の俗語として使用されるが、買収においても当てはまる。レモン市場とは、商品の売り手と買い手に情報格差が存在するため、安くて品質の悪い商品（レモン）が市場に多く流通し、高くて品質の良い商品（ピーチ）が市場に流通しにくくなる現象を指す。レモンは皮が厚くて外見から中身の見分けがつかないことから、このような用語が使われているそうだ。
　買収を行なう企業（買い手）は、買収先企業のオーナー（売り手）と同じレベルの情報を持っていない。買収先企業のオーナー（売り手）は当然、自社をより高い金額で売りたいため、ポジティブな情報ばかりを強調して買収を行なう企業（買い手）に説明しているかもしれない。

長を行なえることとなる。

　一方で、オーガニックの場合のデメリットとして、成長スピードがノン・オーガニックに劣る点が挙げられる。たとえば、技術革新の速い業界においてすべての研究開発を自社で行なう場合、研究開発に時間がかかりすぎて競合他社の技術革新スピードについていけなくなる可能性がある。この点、たとえば研究開発がすでに進んでいるスタートアップ企業を買収するのであれば、欲しかった技術を一瞬で獲得することが可能となる。

　また、同業他社を買収する場合[*18]には、市場シェアを統合できるメリットもある。たとえば、市場シェア5%のA社、市場シェア4%のB社、市場シェア3%のC社が存在したとする。市場シェアで第2位のB社と第3位のC社が統合した場合（統合後の会社をD社とする）には、市場シェアが7%となり、市場シェア第1位のA社を追い抜くことになる。D社は、業界の最大手として、規模のメリット（のちに詳しく説明を加えるが、規模が大きくなることでより効率的な事業運営が可能となること）を享受することができる。この規模のメリットが競争優位の源泉となる場合には、買収を行なうことでより効果的に市場における

----

* 18　企業買収には、垂直統合と水平統合がある。垂直統合は、企業が提供する商品やサービスに関わるバリューチェーンの構成要素を統合することを指す（たとえば、商品に含まれる部品について外部サプライヤーから仕入れていたところ、そのサプライヤーを買収するケース）。水平統合とは、企業が提供するのと同じような商品やサービスを提供する同業他社を統合することを指す。本文における「買収」は、後者の水平統合の意味で用いている。

独占的な地位を築くことが可能となるかもしれない。

②マクロ環境への依存度

次に会社の成長の質を考える2つ目の軸として、マクロ環境への依存度を取り上げる。マクロ環境とは、会社を取り巻く外部環境がどのような状況にあるかを指す。会社にとってコントロール不可能であり、会社とは無関係に起きていること、たとえば、政治的環境、経済的環境、社会的環境、技術的環境が含まれる。

投資家は、一般的に、マクロ環境への依存度が低ければ低いほど成長の質が高いものと判断している（**図表3-3**）。マクロ環境への依存度が低い会社は、外部環境の変化に関わら

図表3-3 ▶ マクロ環境への依存度と成長の質

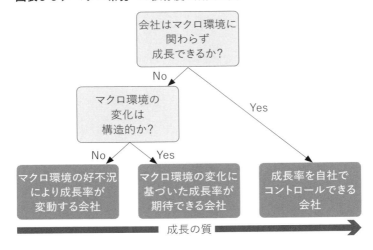

ず、安定的に成長していくことが期待できるためだ。

　図表3-3のいちばん左に該当する「マクロ環境の好不況により成長率が変動する会社」にはどのような会社が含まれるだろうか。

　たとえば、石油会社を考えてみよう。石油会社には、原油や石油製品の輸入、精製、販売を行なう「石油元売り会社」や、原油の開発と生産を行なう「石油開発会社」、輸送を行なう「石油輸送会社」、小売を行なう「石油販売会社」等が含まれる。石油は、経済環境が好況のときには需要が増え、石油の価格も上がる。逆に、不況のときには需要が減り、石油の価格が下がる性質がある。これは、石油が世の中の生産活動に幅広く使われており、景気が良いときには多くの企業が生産活動を活性化させるためだ。このような石油の性質は、石油会社の成長率に大きな影響を与える。石油の価格が上昇している好況時には、石油会社は通常より高い利益（高い金額で売れるため）を達成することができるが、石油の価格が下落している不況時には、通常より低い利益しか達成できない。

　また、石油会社のマクロ環境への依存は石油価格だけではない。地球温暖化対策として、世界各国が脱CO_2の取り組みを強化している。日本においても、2030年度の温室効果ガス46％削減、2050年のカーボンニュートラル実現という国際公約を掲げ、気候変動問題に対して国家を挙げて対応するという強い決意表明を行なっている。

　このような環境下で、石油会社は過去と同じような成長率を達成することが期待できるだろうか。石油会社は、石油か

ら再生エネルギー関連の事業への移行を徐々に進める必要があり、それが石油会社の将来の成長率を大きく決定づけることになるだろう。そのため、CO_2に対する政治的環境の変化や、消費者のCO_2に対する認識の高まり等も、重要なマクロ環境のひとつといえる。

次に、図表3-3の真ん中に該当する「マクロ環境の変化に基づいた成長が期待できる会社」を考える。前述の石油会社の例に関連して考えるのであれば、太陽光や風力発電などの再生可能エネルギー会社が例として挙げられる。2023年5月19日から21日まで広島で開催された主要7カ国首脳会議(G7広島サミット)では、太陽光と洋上風力に定量的な導入目標が設定された。G7は、2030年までに洋上風力の容量を各国の既存目標に基づき合計で1.5億kW(150GW)増加させ、太陽光発電の容量を各国の既存目標や政策措置の手段を通じて、2030年までに合計で10億kW(1000GW、1TW)以上に増加させる想定を立てた。2030年までに7カ国合計で洋上風力を150GW、太陽光発電を1000GWまで引き上げるためには、現状の7カ合計の導入量と比較すると、洋上風力は7倍、太陽光は3倍に引き上げる必要がある[19]。

このような国際的な取り決めは各国の導入目標に落とし込まれ、目標達成に向けた政府のサポートを受けることとなる。

---

[19] 2023年5月22日日経BP「G7サミット、『太陽光1000GW・洋上風力150GW』目標を成果文書に格上げ」
https://project.nikkeibp.co.jp/ms/atcl/19/news/00001/03374/?ST=msb

そのため、太陽光と洋上風力に関連する事業を営む会社は、マクロ環境の変化による構造的な追い風を受けることが期待できる。成長の速度は、化石燃料から再生エネルギーへの移行が実際にどのくらいのスピードで起きるのかといったマクロ環境に影響を受けることになるが、長期的にはマクロ環境の変化とともに成長が期待できるビジネスといえよう。

　では、最後に図表3-3のいちばん右に位置する「成長率を自社でコントロールできる会社」を考えてみよう。これは、マクロ環境の影響を受けずに自力で成長を続けることができるような会社を指す。前段落において、太陽光と洋上風力に関連する事業を営む会社はマクロ環境の変化による構造的な追い風を受けることが期待できる旨を述べたが、当然、すべての会社が追い風を受けるわけではない。たとえば、太陽光パネルの歴史を見てみると、長く業界をリードしてきた日・米・欧の太陽光パネルメーカーは、この10年間で中国メーカーに大きく市場シェアを奪われてしまった。国際エネルギー機関（IEA）によると、太陽光パネルの主要製造段階での中国のシェアは8割を超えているそうだ。これには、中国による価格破壊が関係している。2008年から2013年にかけて、中国メーカーは太陽光パネルの価格を、世界標準価格から80％も値引きして販売することができた。[20]このような価

＊20　Scientific American "Why China Is Dominating the Solar Industry" 2016
　　　https://www.scientificamerican.com/article/why-china-is-dominating-the-solar-industry/

格破壊が可能であったのは、安い労働力と国家的なサポートが存在したためだ。これにより、日・米・欧の多くの太陽光パネルメーカーが市場から撤退する状況に陥った。マクロ環境の変化による構造的な追い風があったにもかかわらず成長ができなかった事例といえよう。

　一方で、太陽光と洋上風力に関連して、自社にしかない特別な知財やノウハウを持っている会社はどうか。たとえば、洋上風力の建設に必要となる専用の船の製造技術を持っていたり、風車に使用される一部の部品について特許を持っていたりする場合、それらは容易に真似をされることはない。他社による模倣がむずかしく、価格競争に巻き込まれないのであれば、過去に太陽光パネルメーカーに生じたような状況に陥らなくて済む。また、自社にしかない特別な知財やノウハウがあるのであれば、顧客はその会社に発注する以外の選択肢はなく、長期的に強い需要を維持することができる。すなわち、会社の成長スピードは、マクロ環境による需要の浮き沈みに左右されることなく、自社の供給キャパシティーによって決定されることになる。そのため、工場の開設や人員の拡充を行なうなど、供給キャパシティーを増やしていくことで、成長率をある程度コントロールしながら持続的に成長を行なうことができる。

　以上、「オーガニックとノン・オーガニック」、「マクロ環境への依存度」という2つの軸で、成長の質について説明したが、これを組み合わせて成長の質を考えたものが、117ページに挙げた図表3-1となっている。

ロールアップ戦略

SECTION 3-1の①で説明したノン・オーガニックによる成長戦略の最たるものがロールアップだ。ロールアップとは、買収を行なう企業が、同じ市場に存在する比較的規模の小さいプレイヤーを多数買収し、統合することで、規模のメリットを最大限に活用し成長する戦略である。この戦略は、多数のプレイヤーが存在するものの、独占的なプレイヤーが存在しないような市場で活用されるケースが多い。

日本における有名な事例としては、ゴールドマン・サックス・グループが手がけたアコーディア・ゴルフが挙げられる。アコーディア・ゴルフは、バブル崩壊で経営難に陥った日本各地の会員制ゴルフクラブの再生を支援する形で、多数の運営会社を買収した。買収した運営会社に対し、規模のメリットによる購買力の改善、全社共有のシステムを使用することによるコスト削減等を行ない、経営の効率化を実現した。また、地方の小規模な運営会社が発行していたゴルフ会員権を、全国で使えるアコーディア・ゴルフのゴルフ会員権に置き換えることで、会員にとってもより付加価値の高いサービスを提供することが可能となった。買収すればするほど、会社の価値が上がるロールアップの良い事例といえよう。アコーディア・ゴルフは、その後2006年に東証一部市場に上場を果

たし、投資会社MBKパートナーズによるTOB（株式公開買い付け）を経て現在は非上場化している。

　そのほかにも、ロールアップの典型的な事例としては、調剤薬局が挙げられる。地方に点在している調剤薬局を多数買収し、全国展開しているドラッグストアグループに組み込むことで、規模のメリットによる経営の効率化を実現し、持続的に成長していく戦略だ。

　もちろん、ロールアップが失敗した事例も存在する。カナダの葬儀会社Loewen Groupは、1970年から1980年代に、アメリカとカナダの小規模な葬儀会社を多数買収するロールアップ戦略を実行した。[21] ところが、Loewen Groupの成長は1990年代に失速し、1999年に倒産した。何が原因だったのであろうか？　結局は、規模のメリットを実現できなかったことが原因であった。地方の小規模な葬儀場を統合しても、多少のコスト削減しかメリットがなく、アコーディア・ゴルフのように利用者への付加価値が上昇するような仕組みも存在しなかった（逆に、地元に根付いた葬儀場が大きなビジネスの傘下に入ることで、地元利用者からの信用が低下するようなケースもあったそうだ）。こちらは買収に伴うコストが規模のメリットがもたらすベネフィットを上回り、結果として、ロールアップ戦略が会社の首を絞めてしまったケースといえよう。

＊21　Harvard Business Review 2008: Seven Ways to Fail Big by Paul Carroll and Chunka Mui
　　　https://hbr.org/2008/09/seven-ways-to-fail-big

価格決定力が
なぜ重要なのか

　次に、企業が高いROEを維持するために重要となる要素として、価格決定力を取り上げる。価格決定力とは、商品やサービスの価格を自分で戦略的に決めることのできる力のことだ。価格決定力がない会社は自分たちでは価格を決めることができず、商品やサービスを販売するうえで、たとえば、競合企業の価格水準に合わせたり、顧客が買ってくれる価格水準に合わせたりすることが必要になる。そのような会社は市場平均以上の収益性を維持することはむずかしく、よってROEの水準も市場平均もしくはそれ以下の水準に落ち着く傾向がある。

　コロナウィルスに伴うロックダウンおよびロシアのウクライナ侵攻によって、世界経済はサプライチェーンの大混乱に陥った。その一方で、多くの国の政府は国民の生活や経済を支えるために給付金を支払い、需要を下支えした。一連の出来事は、需要と供給のバランスを著しく不安定にし、それが2022年以降にインフレを引き起こした一因と考えられている。

　2022年以降のインフレは、価格決定力のある会社とない会社の明暗を分けるイベントとなった。価格決定力のある会社は、コストのインフレを、自社の商品やサービスの価格に

転嫁することで、インフレを上手に乗り切ることが可能であった。価格決定力のない会社は、自社の商品やサービスの値上げを顧客にお願いすることができず、コストのインフレを自社の商品やサービスの価格に転嫁することができなかった。この差は、そもそもその会社の商品・サービスに価格決定力があるか否かに起因している。

　価格決定力の源泉は、会社が提供している商品・サービスの価値が、他社の提供している商品・サービスの価値に比べてどれほど優れているかによる。商品・サービスの価値に差を生み出すことがむずかしい場合には、その価格は、需要と供給の関係で決定される市場の平均値に落ち着くことになる。たとえば、あなたの住む場所の近くにガソリンスタンドＡとガソリンスタンドＢがあったとする。この２つのガソリンスタンドは隣接しており、車で1分の距離にあるとする。あなたはどちらのガソリンスタンドを選ぶだろうか。（ものすごいサービスの差がある場合を除き）より安い値段を提示しているほうを選ぶはずだ。これは、両者ともガソリンというコモディティ＊22を売っており、ガソリンスタンドＡのガソリンも、ガソリンスタンドＢのガソリンも、結局は同じガソリンなので、顧客にとっては価格が最も重要な意思決定要因となっているためだ。このように、商品・サービスの差別化がむずかしいコモディティ（またはそれに近い商品）を販売する業界では、価格

＊22　コモディティは「商品」と訳されるが、一般的に、他社との差別化ができないような原材料や商品を総称した呼び方である。

決定力は極めて低くなる。

　以下では、価格決定力の強弱を左右する要素にはどのようなものが含まれるかをSECTION 3-4「顧客への付加価値」として取り上げ、その要素によって決定される価格決定力が、会社による価格決定方法にどのような形で反映されるかをSECTION 3-5「価格の決定方法」で見ていく。その後、SECTION 3-6「ミッションクリティカル」では、価格決定力が極めて高いケースを紹介する。

顧客への付加価値

　どのような場合に、会社はその商品・サービスを差別化し、価格決定力を持つことができるのだろうか。その答えを考えるうえで、会社が提供している顧客への付加価値を理解することが有益である。以下では、顧客への付加価値の例をいくつか紹介する。

・ブランド価値

　ファッション業界のリサーチを行なう米Glossy社によると、2016年時点で、ブランドバッグの値段は原価（材料費、つくるのにかかった人件費、輸送費、税金等）の20倍程度に設定されているケースがあるそうだ。80ドルでつくったバッグが1600ドルで売られているということであり、超高利益率のビジネスである。消費者は、ブランドバッグに対し、必ずしも革の質などの物質的な価値だけを求めているわけではない。それよりも、ブランドのロゴが入ったバッグを持つことによる優越感やステータスに付加価値を見出し、高いお金を払っているのだ。

　現代マーケティングの第一人者として知られる米国の経営学者、フィリップ・コトラー教授は、「ブランドとは、個別の売り手または売り手集団の財やサービスを識別させ、競合

する売り手の製品やサービスと区別するための名称、言葉、記号、シンボル、デザイン、あるいはこれらの組み合わせ」と定義している。

　この定義から考えると、ブランドとは、シャネルやグッチといったファッションブランドより広い概念だと考えられる。すなわち、ブランドとは、たんなる「ロゴやブランド名」だけではなく、「競合の商品・サービスとの差別化を可能とする複合的な価値の組み合わせ」といえるだろう。

　われわれが他社のスマートフォンより高いのを承知で、Apple の iPhone を買う理由には、Apple が持っているブランドに付加価値を感じているからであり、そのブランドの付加価値は複合的な価値の組み合わせから成り立っていると考えられる。それにはたとえば、Apple の高いデザイン性、使いやすさ、持っていることによる優越感、品質、アフターサービス、他の Apple 製品との互換性などが含まれる。

　顧客は、Apple 製品を使うことによってこのような付加価値を享受することができ、それが Apple との信頼関係をさらに強固にしていく。「Apple 製品を買って満足できたから、次もきっと満足できるはずだ」、「他社製品を買って失敗したくない」という心理が顧客のなかに生まれ、それに対して顧客は高い対価を喜んで払うことになる。なお、信頼を寄せる顧客のブランド・ロイヤリティは、価格決定力の源泉になるだけでなく、安定的な顧客基盤の構築にも寄与するため、会社のブランド戦略は競争優位を確立するうえで極めて重要となる。

・確実性への価値

　もし、あなたがスカイダイビングを生まれて初めてやって
みたいと思ったとする。ウェブで検索してみると、同じサー
ビスを提供している2つの業者が発見できた。1つの業者は
3万円、もう1つの業者は2万円でできるとする。あなたは
迷わずに2万円の業者を選択するだろうか？　おそらく、「3
万円の業者のほうが、金額が高いのだから安全性が高いに違
いない」ということで、3万円の業者を選ぶ人もいるのでは
と思う。

　これは、消費者が結果の確実性に対して価値を感じている
からである。この価値は、失敗した場合の結果がネガティブ
であればあるほど高くなる。スカイダイビングの例であれば、
失敗した場合には、生命を失うことになるため、1万円くら
いの差であれば大差がないと感じられる。このような価値は、
たとえば、薬、自転車のヘルメット、ベビーチェアなどでも
当てはまる。

　このような確実性への価値は、リテール商品のみならず、
企業間の取引においても当てはまる。たとえば、スマートフォ
ン向けの半導体を製造している半導体メーカーがあるとす
る。半導体の製造には数々の機械が使用されるが、その製造
プロセスで使用される1つのタイプの機械について、すでに
信頼性が認められている半導体製造装置会社が開発した
1000万円の機種と、まだ名前のよく知られていない新興の
半導体製造装置会社が新たに開発した200万円の機種がある
場合（2社の機種の性能は同じであることが示されているとする）、200万

円の機種を選ぶだろうか？　もし、新たに開発された200万円の機種を使って不具合が生じたとしたら、その半導体メーカーはその1つのプロセスのみならず、すべての半導体製造プロセスをストップしなければならない可能性があるので、潜在的に莫大な損失を被る可能性がある。その莫大な損失の金額に比べれば800万くらいの違いは何ともないと思うかもしれない。

このように確実性への価値が重要視される業界においては、会社の商品・サービスが持っている信頼性が、高い価格決定力の源泉となることが期待できる。

● 利便性への価値

利便性への価値とは、欲しいものが容易に手に入る快適さに対して払う価値である。家から1キロメートル先に格安スーパーがあり、そこで買いものをすれば安く買い物ができるとする。一方で、家の隣に少し割高のスーパーがオープンし、そこでトマトを買うと30円高い価格であるが、同じ品質のトマトを買うことができるとする。往復2キロを歩く労力と時間を考えるのであれば、30円くらい高くてもいいか、と考える人も多いはずだ。この30円は、割高のスーパーが提供している利便性について払われた対価であるといえる。

どのような利便性が求められているかは顧客のタイプによってさまざまだ。前述のスーパーの例は地理的な利便性であるが、他にも、ある百貨店は品揃えが良く、自分の欲しいものがすべて置いてあるため、買い物の効率性という意味で利

便性が高いかもしれない。ある製造機器メーカーのセールス
サポートは顧客の工場のすぐ近くに駐在しており、故障した
場合にすぐに修理にきてくれるため、顧客にとって利便性が
高いかもしれない。

　会社は自社がどのような利便性を顧客に提供できるかを分
析し、そこに他社よりも優位性がある場合には、その優位性
によって価格決定力を行使できる可能性がある。

・**希少性への価値**

　経済学上、商品・サービスの市場価格というのは、需要と
供給のバランスによって決定される。**図表3-4**は、経済学を
勉強した人であれば一度は目にしたことがあるであろう、需

図表3-4 ▶ 需要曲線と供給曲線の関係

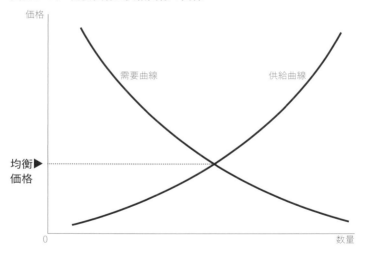

要曲線と供給曲線の関係だ。

　供給曲線は会社側の目線で考えてほしい。供給曲線が右肩上がりとなっているのは、供給する商品の価格が上がれば上がるほど会社はより高い利益をその商品から得られるため、供給する商品の数量を上げたいと考えることによる。価格（Y軸）が上がれば数量（X軸）も上がるという関係性だ。一方で、需要曲線はその商品を買う消費者目線で考えてほしい。需要曲線が右肩下がりとなっているのは、商品の価格が上がれば上がるほど、消費者はその商品に魅力を感じなくなるため、購入する商品の数量を下げたいと考えることによる。価格（Y軸）が上がれば数量（X軸）が下がるという関係性になる。

　結局、供給者・消費者の両者が折り合いをつけられる点（供給曲線と需要曲線が交わる点）が、市場で取引される商品の数量と価格になる（この価格を均衡価格と呼ぶ）。要するに、供給と需要のバランスによって価格が決定されるということである。

　では、供給と需要のバランスによって価格が決定されてしまうのであれば、価格決定力を持つ会社など存在しないのではないか？　答えがノーであることは、現実世界にいる誰もが理解しているだろう。現実世界では、ある会社は他社よりも高い価格設定が可能となる。経済学上の供給と需要曲線の理論は、市場に完全競争が成り立っていることを前提としているのに対し、現実世界では、不完全市場が存在するためだ。不完全市場のタイプとしては**図表3-5**が挙げられる。

　「独占」と「寡占」については、後ほど、「第4章　業界の性格」で詳しく説明するが、どちらも新規参入がむずかしい

図表3-5 ▶ 不完全市場の例

独占	市場に売り手が1社しか存在せず、その1社が市場に対して価格決定権を持っている状態
寡占	市場に売り手が少数しか存在せず、その数社が市場に対して価格決定権を持っている状態
独占的競争	市場に多数の売り手が存在しているが、商品差別化などの理由で、ある一定の企業が価格決定権を持っている状態

業界に起こる状況で、市場を支配している少数の会社が、自社の利益を確保する目的で価格決定権を行使している状況である。日本には独占禁止法があるので、原則として完全な独占企業となるのはむずかしいが、結果として近い形になっている業界は存在する。とくに、初期投資が高かったり、認可がないと参入することができなかったりする業界では、その傾向が強くなりやすい。

　典型的な例としては、NTTドコモ、KDDI、ソフトバンク、楽天が支配している携帯通信キャリア業界や、JAL、ANAが支配している航空業界が挙げられる。このような業界に、新規参入することのむずかしさは容易に想像できるはずだ。これらの業界では売り手の数が限られているため、買い手は

売り手の提示する価格を受け入れるしかなく、よって売り手の価格決定力が高くなる。

「独占的競争」は、類似商品の売り手が市場に多数存在するにもかかわらず、価格決定権を行使できる状態であり、①多数の売り手が存在する、②類似商品であるが商品・サービスの差別化が可能、③企業の参入と退出が自由にできる、という3つの特徴を有する。

たとえば、ラーメン屋が例として考えられるだろう。ラーメン屋を始めようとすれば比較的容易に誰でも始めることが可能で、実際に、多数のラーメン屋が市場に存在している。それらのラーメン屋は「ラーメン」というカテゴリーの範囲内で類似商品を提供しているが、ある店は醤油味、ある店は豚骨味、というふうに差別化が可能だ。また、同じ醤油味ベースでも各ラーメン屋によってさまざまな個性があり、完全に同じ味を再現することは不可能だ。

このように、差別化されたラーメンを提供できるのであれば、そのラーメン屋は自分で考える適切な価格設定を行なうことが可能となる。「味噌ラーメンの市場平均価格が800円だから、うちの味噌ラーメンも800円にしなければ」というようなことを考える必要はなく、「うちの味噌ラーメンは1200円でも売れる」と思うのであればそのような価格設定が可能となり、本当に差別化ができているのであればそれでも行列をつくって喜んで高い金額を払う顧客が存在することになるはずだ。

このように、類似した商品が市場で提供されていても、品

質等の面で差別化がなされ、他社が容易に真似できない（特許で守られている、ノウハウが企業秘密になっている等、いろいろな理由が考えられる）場合には、高い価格決定力を行使することが可能となる。

　ここで取り上げた、「独占」、「寡占」、「独占的競争」はいずれも供給量が限られることによって、売り手が価格決定力を行使できるケースであることから、「希少性への価値」としてまとめて取り上げた。

価格の決定方法

　価格決定力の有無は、実際に会社がどのように価格を決定しているか、その決定方法に表れることが多い。価格の決定方法には、何を基準に価格を決定するかによって**図表3-6**のような種類が例として挙げられる。

　どの価格決定方法が良いかについては、各業種と企業の慣習や状況により異なるため、一概に結論付けることはできない。しかし、価格決定力の観点からすると、一般的には、「価値」ベースがいちばん良く、「コスト」ベースが2番目、「競争状況」ベースが3番目の順にランク付けできると考えられる。

　「競争状況」ベースの場合には、他社の価格水準に合わせるしかないため、価格決定力は低い。「コスト」ベースの場合には、コストの増減に関わらず一定の利益を確保できるという点でメリットがあるが、コストの水準に価格が左右されるため、必ずしも価格決定力が高いとはいえない。もし自分で利益率または利益額の上乗せ幅を決められるとしても、顧客側でコストの水準がある程度把握できるはずなので、過度に利益を上乗せしていると認識されてしまう場合には、顧客からの信頼を失ってしまったり、競合他社へ乗り換えられてしまったりするケースもあるだろう。一方、「価値」ベース

図表3-6 ▶ 価格の決定方法の種類

基準		内容	主に使われる業種の例
コスト	コストプラス	商品・サービスを生産・提供するのにかかったコストに、一定の利益率または利益額を加えて価格を設定する方法	製造業、建設業
	マークアップ	仕入原価に一定の利益率または利益額を加えて価格を設定する方法	卸売業、小売業
価値		商品・サービスを顧客がどれくらいの価格であれば買ってくれるかを基準に価格を設定する方法	ソフトウェア、サービス業
競争状況		競合他社の商品・サービスの価格を基準に価格を設定する方法	商品・サービスを差別化することがむずかしい業種

の場合には、「何円だったら出しても良いか？」という顧客の主観的な金額に基づいているため、顧客が納得するのであれば、どんなに高くても許容可能な適正価格として受け止められる。したがって、「価値」ベースの価格設定が可能である場合には、高い価格決定力が存在するものと考えられる。

　このような、「価値」ベースの価格設定は、「バリュー・ベース・プライシング」と呼ばれる。会社が他社と比べて差別化した商品・サービスを提供している場合に、顧客が感じている価値の大きさに基づいて価格を設定する手法を指す。ここでは、バリュー・ベース・プライシングがどのような業界で用いられているかについて、例を挙げて説明したい。

　バリュー・ベース・プライシングが可能な業界として、ソフトウェア業界が挙げられる。ソフトウェア業界では、そもそも目に見える商品を売っているわけではないので、ユーザーからすると何が原価となっているのかわかりにくい。原価としては開発に携わったITエンジニアの人件費やパソコン代等が含まれるであろうが、ソフトウェアに知見のない人からすると「どれくらい優れたエンジニアが」、「何人で」、「何日かけて」、「何台のパソコンを使って」といったことを判断することは困難である。

　しかし、ソフトウェアを使うことによる価値はユーザーからわかりやすい。「会計ソフトウェアを使うことで、会計担当者を一人減らしても業務が回るようになった」という場合、その会計担当者に年間400万円を給料として払っていたとすると、そのソフトウェアは年間400万円を価値があると認識

される。ソフトウェアの価格が350万円であっても、ユーザーは喜んでその価格を受け入れるであろう。

なお、ソフトウェア業界では、ソフトウェアに新しい機能を追加することで、値上げを正当化できるケースが多い。たとえば、前述の会計ソフトウェアの機能を拡充し、会計担当者の作業時間をさらに削減できるようにした場合には、その分について価格を上げてもユーザーからの大きな反対は生じないと予想される。一方、「コスト」ベースや「競争状況」ベースである場合には、よほどまともな理由がない限りは、顧客とのし烈な価格交渉に陥ると想像される。ソフトウェア業界の一部で、極めて高い利益率を達成している会社が存在しているのはそのような理由による。

もちろん、バリュー・ベース・プライシングはソフトウェア業界以外でも用いられている。ここでは、アイルランドのKingspan社を取り上げる。Kingspanはビルの建築材料を製造・販売するリーディングカンパニーである。とくに、環境に配慮した断熱パネルがビジネスのメインとなっており、そのエリアで第1位の市場シェアを有している。ビル建築に用いられる建築材料は、通常、コモディティに近い性質であるため価格決定力は低い。そのなかで、Kingspanは、環境に配慮した付加価値商品（たとえばKingspanの断熱パネルを使うことでエアコン消費量やCO_2を削減できる）の開発に力を入れることで、価格決定力の向上を行なった。また、近年では、断熱パネルといった部品を販売するコンポーネント販売業から、ビル全体（屋根やフロアリング等）の効率化を支援するソリューションプロ

バイダー業へとシフトしている。コンポーネント販売は、どうしても他社のコンポーネントの値段との比較が行なわれるため、価格決定力の発揮に限界があるが、ソリューションプロバイダー業の場合、他社との比較がむずかしいコンサルティング的機能が含まれるため、価格決定力をより高めることが可能となる。コモディティ要素の強いビジネスがバリュー・ベースのビジネスに進化した事例といえよう。

SECTION 3-6 | ミッションクリティカル

　最後に、価格決定力が極めて強いケースとして、ミッショ
ンクリティカルという言葉を取り上げたい。ある会社が提供
する商品やサービスに不具合があったとき、顧客に大きな損
害が生じてしまうような場合には、その会社の商品・サービ
スはミッションクリティカルといわれる。たとえば、自動車
生産に使われる機械の内部に使用される一部品や、半導体の
生産に使われる一部の薬品に不備が検出された場合、それを
使用している自動車メーカーや半導体メーカーは、すべての
生産ラインを止めて点検をしなければならなかったり、すで
に消費者に提供されてしまっている場合にはリコールを行な
わなければならなかったりする可能性もある。最悪のケース
が生じた場合の損失が重要であるとき、顧客は価格よりも品
質を重視することから、ミッションクリティカルな商品・サ
ービスを提供している会社の価格決定力は高くなる。

　とくに、ミッションクリティカルな商品・サービスが、全
体のコストに比べて重要ではない場合には、価格決定力は極
めて高くなる。前述のような自動車生産に使われる機械の内
部に使用される一部品（たとえば、電圧を調整する部品）は、せいぜ
い数万円だと思われるが、それが故障したら生産ラインがス
トップし数億円の損失につながるかもしれない。そのような

場合、その部品が5万円で売られていようが、50万円で売られていようが、顧客によって大差はないといえよう。

　このようなミッションクリティカルな商品・サービスを生産・提供している会社の価格決定力は非常に高くなることから、バリュー・ベース・プライシングを行なうことによって、高い収益性を実現することが可能となる。

COLUMN

値上げができない日本

　過去30年間にわたってデフレ（われわれが普段買っている日用品やサービスの値段＝物価が全体的に下がる現象）を体験し、日本は値上げの仕方を忘れてしまったのでは、という意見を欧米投資家から受けることがある。

　パンデミックおよびウクライナ侵攻を発端とするサプライチェーンの混乱は、世界中で高インフレを引き起こし、欧米企業は積極的にコストの上昇を値上げという形で顧客に転嫁した一方で、多くの日本企業は価格転嫁ができなかったり、「痛み分け」の名目で顧客と負担を分け合ったりする、という選択をとった。

　2023年8月26日の日本経済新聞の記事「『強欲インフレ』欧州で猛威　企業のもうけ、要因の5割に」によると、英国を含む欧州ではGreed（強欲）とInflation（物価高）を組み合わせた「Greedflation（グリードフレーション、強欲インフレ）」という造語が盛んに使われるようになり、なかなか下がらないインフレの原因は、コスト高を口実とした便乗値上げにあるのではと疑われているそうだ。国際通貨基金（IMF）も強欲説側に立ち、欧州物価高の要因のほぼ半分は企業利益の増加が占めてきたという分析結果を公表した（次ジ **図表3-7**）。

　これは「痛み分け」を基本とする日本企業が、もうけを削って対応したのとは大きく異なる。なぜ日本企業は

「強欲」に走らなかったのか。

　日本の経営者と対話するなかで私が感じたのは、強欲に「走らなかった」のではなく、「走れなかった」のではないか、ということだ。「なぜ価格転嫁をしないのか」という質問に対して最も多い回答は、「顧客との長期的な信頼関係を維持したいので、顧客に負担を転嫁したくない」という内容であった。ビジネスの長期的な持続を考えるのであれば理解できる回答である一方、価格交渉を行なうこと自体を過度に恐れているように感じるケースもあった。過去30年間、モノやサービスの値段が下がり続けたなか、「いかに値下げしないでお客様に買ってもらうか」を考えていたところ、急に「値上げ」

図表3-7 ▶ ユーロ圏のインフレの内訳

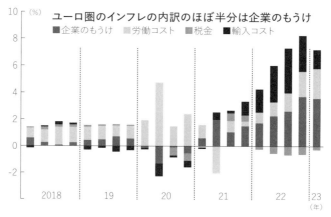

注：消費の物価動向を映す消費デフレーターから寄与度を要因分解。出所はIMF
出所：日本経済新聞

に転換したのだから無理もないことだ。

　日本がついにデフレを脱却するかは執筆時点でわかっていない。もしデフレを脱却し、インフレに突入するのであれば、会社の商品・サービスが提供する付加価値が何なのか、また、それについてどのように価格を設定していくのかを考えることがより一層大事になる。それができなければ、日本と他国の物価水準の差はより一層拡大し、「安いニッポン」は「激安ニッポン」になってしまう。

競争優位性

　ウォーレン・バフェットは、堀（moat）という言葉で競争優位性を表現している。会社が市場平均よりも高いROEを実現し維持するためには、他社と比べた場合に優れている点があるはずであり、それが他社によって真似できない何らかの理由があるはずだ。そのような状況を指す言葉として、堀（中世のお城の周りに堀があり敵が入ってこれないような状況をイメージしていただければと思う）という言葉が使われている。

　堀の種類は数えきれないほどあるため、本書ですべてを取り上げることは困難だ。高いROEを維持している会社を調べると、必ずといっていいほど、それぞれの会社にユニークな堀が存在する。ここでは、そのいくつか代表的な堀の類型を取り上げたい。

・低コストの優位性

　ある企業が他社よりも低価格で原材料を購入することができる場合や、低賃金で人を雇うことができる場合、低コストで商品・サービスを生産・提供できる場合には、そのコスト競争力が競争優位性となる。

　このような競争優位性を長期間持続することは、通常、むずかしい。あなたがレモネードスタンド（レモンを絞ってレモネー

ドをつくるお店。A社とする。）を経営している場合を想像していた
だきたい。レモンを毎日買ってレモネードをつくっていたが、
ある日、レモンを毎週まとめ買いすると20％割引でレモン
を買えることに気付いたとする。材料費が下がったので、レ
モネードを5％値引きして販売したところ、他店（B社）で買
っていたお客があなたのお店にスイッチしたため、売上が上
がったとする。当然、それを見たB社は、A社が何をしてい
るかを研究し、同じようにレモンのまとめ買いを始めるだろ
う。よって、競争優位性はすぐに消滅してしまう。

　稀に、低コストによる優位性が長期的に持続するケースが
ある。たとえば、A社が、B社が追随する前に、レモンをま
とめ買いすることで実現した利益を新規店舗の開設や、広告
費に使ったとする。通常、店舗を増やすことで、いままで各
店舗でやっていた作業を共有化できるため、1店1店の運営
の効率性が改善すると考えられる。たとえば、各店舗の店員
が手でやっていたレモン汁を絞る作業を、本店で機械を購入
してまとめてやってしまうことが考えられる。規模の小さい
B社はそのような機械を購入する資金がなく、A社のコスト
優位性に追いつくことがむずかしくなる。

　広告費についてはどうか。広告費についてもA社のほうが
高い費用対効果で広告を打つことができる。A社は年間売上
が1億円、B社は年間売上が5000万円あると想像してほしい。
両社とも1000万円をかけて同じような広告をした場合、A
社にとっては売上の10％でしかないが、B社にとっては売
上の20％だ。A社はこの10％差を利用して、レモネードを

値引きしたり、広告費を倍にしたりすることで、Ｂ社との差をさらに広げる余地がある。

　このような場合には、低コストの優位性がさらなる低コストの優位性をもたらすことで、強力な堀を形成することが可能となる。

・規模の優位性

　規模の優位性とは、ビジネスの規模が大きくなることが競争優位性につながることだ。規模の優位性の代表格として、「規模の経済（economies of scale）」が挙げられる。規模の経済とは、ビジネスの規模が大きくなることで、会社が販売する商品・サービスの１単位当たりの生産・提供コストが下がり、それが競争優位性につながる状況を指す。その意味で、前述の「低コストの優位性」と関連する概念だ。

　規模の経済はなぜ働くのか。一般的に会社のコストは、生産量に関わらず一定額が発生する固定費（人件費等）と、生産量に比例して発生する変動費（材料費等）に分解できる。固定費については、生産量が上がっても一定であるため、生産量が上がることで１単位当たりの商品・サービスが負担すべき固定費を減らすことができる。たとえば、レモネードスタンドの各店舗を管理する本社マネージャーが固定給（年間300万円）をもらっているとする。当然、会社全体としてもうけを出すために、レモネードを売ることでこの300万円を回収していかなければならないが、生産・販売量が多く年間売上が１億円あるＡ社であればこの300万円を回収することは大し

たことではないかもしれない。一方で、年間売上が5000万円のB社の場合、A社とは「300万円」の重みが違ってくるはずだ。この300万円を回収するためにB社はレモネード一本当たりからより多くのコストを回収する必要があり、A社よりもコスト競争力が下がる結果となる。

　また、変動費についても規模の経済が働くケースがある。変動費の代表格として材料費が考えられるが、規模が大きければ大きいほど買い手としての交渉力が高まり、より魅力的な仕入れ価格を実現できるかもしれない。

　規模の経済以外に規模の優位性が働くケースとしては、IT業界でよく議論される、ネットワーク効果がある。ネットワーク効果は、会社が提供する商品やサービスの利用者が増加すればするほど、その商品やサービスの価値が上昇する効果だ。最も典型的な例として、Facebookなどのソーシャルメディアが挙げられる。Facebookの利用者は、周りの友達がみんな使っていれば、自分もそのネットワークに属したいと考えるため、利用者の増加がさらなる利用者の増加につながり、また、そのネットワークで広告を打ちたいと考える企業の増加につながる。

　Amazonや楽天などの、電子商取引（eコマース）プラットフォームも規模の優位性の良い例だ。そのプラットフォームを利用する消費者が増えれば増えるほど、そのプラットフォームで出品したいと思う企業が増える。また、出品されている商品数が多ければ多いほど、消費者はよりそのプラットフォームを使用したいと思うため、利用者の増加がプラットフォ

ームの価値の増加につながっているといえる。一度大きなネットワーク効果を実現した企業は、利用者のなかで「〇〇をするなら〇〇」というように、当たり前に存在する社会インフラのように認識されるようになり、その場合、規模の小さい他社が新規参入するのは大変むずかしくなる。

　最後に、「規模」とは少し議論が異なるが、同様に競争優位性をもたらすケースとして、ビジネスの「密度」を挙げる。「密度」は、1つの地域においてどれくらいリソースを集中しているかに関係する。たとえば、エレベーターの開発、製造、保守・管理を行なう会社を想像してほしい。もし、顧客の数も少なく、拠点も1つしかない会社であるとすると、定期的な点検や顧客から連絡を受けて修理に行く場合、そのエンジニアは会社から顧客のロケーションまで移動することになるので、多くの時間を移動に費やしてしまうことになる。一方で、その地域に多くの顧客を抱え多くの拠点も持っている場合、顧客の近くに勤務しているエンジニアが顧客のロケーションを訪問することになり、また、1回の移動で複数の顧客を訪問することが可能となる。このように1つの地域におけるビジネスの密度が高い場合に、その密度がコストおよびサービス品質の面で優位性をもたらす場合があり、新たに競合他社が同じ地域に参入してくることをむずかしくする場合がある。

・**技術的な優位性**
　競争優位性のなかでも、おそらくいちばん想像しやすい優

位性であろう。もし会社が他社よりも優れた商品やサービスを顧客に提供しており、他社が簡単に追随できないのであれば、そのような状況は競争優位性の源泉となる。

　技術的な優位性は永久に存続するとは限らない。優れた技術について進化を続けていかなければ、少しずつ他社が追いついてくるだろうし、もし特許により技術が守られていたとしても、一定期間後に特許の期限が切れた際に、技術的な優位性が消滅してしまう可能性もある。たとえば、製薬業界では、ある薬の特許が切れた場合に、その薬の価格について8〜9割の下落があるといわれている。[*23]

　このような事態が会社に深刻な状況を与えないようにするためには、研究開発に継続的に資源を投入する必要がある。もし、ある会社が現時点において技術的な優位性を有しており、他社よりも多くの利益を上げているのであれば、その会社はより多くのお金を研究開発に充てることができる。より多くのお金を使えば、さらに技術的な優位性を実現することができる可能性があり、同水準の資源を研究開発に費やすこ

---

*23　このような重要性から、会社がどれくらい研究開発にお金をかけているかは、投資家にとって重要な指標となっている。投資家は、売上に対して研究開発費がどれくらいの比率になっているかを計算し、それを競合他社と比較する。そして、より高い比率となっている会社のほうが、将来における技術的な優位性を重視している会社として評価されることが多い。なお、比率の比較だけではなく、研究開発費の金額自体の比較を行なっている。これは、比率の比較はマネジメントのキャピタルアロケーションポリシーの把握（どれくらい研究開発を重視しているか）には役立つものの、単純にどの企業が技術的な優位性を維持できるかという点では金額の比較が役立つためだ。

とができない競合他社との差をさらに広げることができるかもしれない。

なお、技術的な優位性は、特許で保護が可能であるような客観的に認識可能な技術に限らない。たとえば、長年の歴史のなかで従業員のなかに蓄積された職人技や、工場やオフィスのなかで蓄積された運営ノウハウなども含まれるだろう。このような技術は従業員や会社のカルチャーに帰属するものが多く、他社が模倣することはむずかしい。

• 顧客との関係による優位性

会社と顧客とのあいだに強固な信頼関係が築かれている場合には、そのような関係性が競争優位性として機能する場合がある。

製造業者を例に考えてみる。ある製造業者が、その製品を顧客に販売する際に、第三者のディストリビューターを使っているとする。その場合、その製造業者と顧客のあいだに直接的なつながりがなく、製造業者は顧客のニーズを直接把握することはできず、それにより製造業者の製品は顧客のニーズとかけ離れたものになってしまう可能性がある。一方で、製造業者が直接顧客に販売している場合、顧客と直接コミュニケーションをとる機会があるため、顧客のニーズをよりよく把握することができ、新商品の開発に活かせるかもしれないし、新たなニーズを発掘して違う種類の商品を合わせて販売（クロスセル）することができるかもしれない[*24]。

一例として、英Spirax-Sarco社を取り上げる。Spirax-

Sarcoは、主に蒸気システム製品を開発するエンジニアリング企業であり、その製品は、機械、医療、バイオ、食品などの分野で使用されている。蒸気システム製品業界では、製造業者がディストリビューターを使って販売することが一般的であるところ、Spirax-Sarcoでは自社のエンジニアが直接、顧客に販売している。Spirax-Sarcoのエンジニアは販売後も、顧客の工場を頻繁に訪問し、蒸気システムが正常に機能しているかをモニタリングし、必要に応じてコンサルタントとしてアドバイスを行なう。Spirax-Sarcoのエンジニアは徐々に、蒸気システムのスペシャリストとして顧客の工場の運営においてなくてはならない存在として認識されるようになる。Spirax-Sarcoのエンジニアが顧客工場の一員のように扱われていくことで、顧客としては「Spirax-Sarcoのエンジニアがいるから自社で蒸気システムのスペシャリストを雇ったり育てたりしなくてもよいのでは」という判断を下すかもしれない。一度そのような判断を下すと後戻りはむずかしく、Spirax-Sarcoへの依存度はますます高まっていくことになる。

このような強固な信頼関係が築かれた場合、他社が安い値

---

*24 投資家は、会社がどれくらいの頻度で顧客との接点を持つことができるかについて気にしている。たとえば、商品を販売した後で、アフターサービスのような形で頻繁に顧客と接点を持っている場合、それは長期的に安定的な信頼関係の構築につながる。また、頻度だけでなく、どれくらいの深度で関わっているのかも把握する。たとえば、商品をただ販売するだけではなく、顧客へコンサルティング機能を発揮するなど、顧客の意思決定に関わっているほど、より高い信頼関係が築けていると判断する。

段で同じような製品を提案してきたとしてもその他社製品にスイッチされてしまう可能性は極めて低くなる。スイッチするためのコストとリスクがあまりにも高くなるためだ。

・ブランド

　前述のSECTION 3-4「顧客への付加価値」でも触れたが、会社のブランド価値は競争優位性の源泉となる。ブランドは過去から築き上げてきた顧客との信頼に基づく価値である。われわれがカルティエのネックレスに高いお金を払うのは、われわれがカルティエの長い歴史と、そのデザインと質の高さを知っており、それに価値を見出しているからだ。われわれがインターコンチネンタルホテルに泊まるのは、その品質が社会的に認識されており、名前も知らないホテルに泊まって大事な旅行を台無しにしてしまうリスクを避けるためだ。このようなブランド価値は、時間をかけて構築されたものであるため、新規参入者に対する堀として機能する。

　ブランドが生み出す競争優位性の一例として、ホテルチェーンのフランチャイズを挙げる。インターコンチネンタルホテルグループはホリデーインという低価格のホテルブランドを保有している。ホリデーインは、ローカルのホテルとフランチャイズ契約を締結し、「ホリデーイン」という看板を掲げる権利と、予約システムなどのインフラを提供する見返りとして、収益の5%をフランチャイズ料として徴収している。

　インターコンチネンタルホテルグループからすると、ほとんどお金を投資する必要がないのにフランチャイズ料を徴収

できるので、高経済性・高収益性のビジネスといえる。実際に2022年の年次報告書を見ると、フランチャイズビジネスの営業利益率は70%以上と大変高い水準になっている。

　また、消費者からしても、ホリデーインを選ぶ理由がある。世界的なホテルチェーンであるインターコンチネンタルホテルグループの傘下にあるブランドなので、一定の品質が担保されているはずであり、何か問題があった場合には誠実に対応してくれるはずだという期待が持てる。もしホリデーインとともに名前の知らないホテルが、ネットの検索結果に出てきた場合、そのような理由からホリデーインを選ぶインセンティブがあると思われる。その結果、ブランド力のないホテル経営者は、生き残りのためにホテルチェーンに吸収されるか、市場から退出するかの選択を迫られることになる。

　以上、競争優位性の代表的な例を何点か取り上げた。投資を行なう方であれば投資をしようとしている会社について、会社の意思決定に関わる方であれば自社について、ユニークな堀が存在するか否かを是非検討していただきたい。そして、その堀の深さを評価することで、その会社が長期的に競争優位性を有し、高いROEを持続していくか否かの判断の指針にしていただければと思う。

収益の継続性

　会社にとって、継続的に収益が入ってくることが期待できる場合、その収益はリカーリング収益（継続する収益）と呼ばれる。たとえば、コピー機を製造する会社であれば、コピー機を売って得た収益は一時的な収益であるが、そのコピー機の販売後に継続的にメンテナンスが生じる場合には、そのメンテナンスに関する収益はリカーリングといえるだろうし、コピーのインクの交換も継続的に発生するため、コピーインクに関する収益もリカーリングといえるだろう。

　会社全体の収益に占めるリカーリング収益（リカーリング率）が高いほど、そのビジネスは安定しており、将来の予測が立てやすいビジネスといえる。また、リカーリング率が高いビジネスは不況に対する耐性が高いといえる。コピー機の例でいえば、不況に陥るとコピー機の販売自体は落ちると思われる（不況のなかでお客は新しいコピー機を買おうというインセンティブが落ちるため）が、すでに販売済みのコピー機のメンテナンスやインクの交換は、好不況にかかわらず必要であると考えられるためだ。

　このような利点から会社はリカーリング収益を好むが、そのほかにもリカーリング収益が好まれる理由がある。一般的に、一時的な収益よりもリカーリング収益のほうが、利益率

が高いのだ。これは、会社がリカーリングビジネスについて価格決定力を行使できるためだ。前述のコピー機の例で考えると、販売したコピー機のメンテナンスができるのは、そのコピー機をつくった会社だけ（そのコピー機特有のスペアパーツなどを持っているので）になるケースが多いので、ある種、競争を独占している状況（モノポリー）にあるといえる。なお、インクについてはコピー機の会社が販売している純正インクを使用する必要は必ずしもないため、モノポリーの状態であるとはいえない。しかし、純正インク以外のインクを使用してコピー機を故障させてしまうリスクを考えるのであれば、値段が高かったとしても純正インクを選択する顧客も多いはずだ。ビジネスインサイダー社の記事によると、プリンターのインクはコストの3倍の値段で売られているそうだ。[25] このリカーリング収益が、いかに高い利益率を実現しているかが推測できる。

　会社にとって、このようなメンテナンスや継続的に必要になる消耗品やスペアパーツ（総称してサービス収益と呼ばれる）の収益比率を上げていくことは、全社的な収益性の改善につながるケースが多い。とくに欧米の企業で、サービス収益比率の数値目標を中期経営計画等に掲げるケースが多いのはこのためだ。

＊25　Business Insider "37 Products With Crazy-High Markups" 2014 年 7 月 17
　　日

その収益は本当にリカーリングか？

　会社がリカーリング収益を好むことはおわかりいただけたと思うが、投資家も一般的に、リカーリング収益の割合が増えれば増えるほど好ましいと考えている。ビジネスの安定性が高まるし、収益性の改善も期待できるからだ。しかし、会社が説明するリカーリング収益が本当に「リカーリング」なのかについては、注意深く検討することが必要である。

　ここでは、リカーリング収益比率が高いビジネスモデルの例として、ソフトウェア業界で用いられるライセンスモデルとサブスクリプションモデルを紹介したい。

　ライセンスモデルは、まず顧客がライセンス料を支払ってソフトウェアを購入し、その後で月次・年次など定期的にメンテナンス料（メンテナンスやアップグレード）を支払うモデルである。顧客はライセンス契約を締結してメンテナンス料を支払う義務はないが、それがないと必要なサポートが受けられなかったり、ソフトウェアが陳腐化してしまったりする可能性があるため、通常はライセンス契約を締結することになる。通常、メンテナンス契約は3〜5年という期間で締結され、その間のメンテナンス収益はリカーリングとなる（ライセンス購入時に支払ったソフトウェアのライセンス料自体はリカーリングとはならない）。

　一方で、サブスクリプションモデルは、顧客が月次・

年次など定期的にサブスクリプション料を支払うことで、ソフトウェアを利用できるモデルである。顧客にとって、利用前に一括で支払うライセンス料のような大きな支出がないので、比較的安価で始められるというメリットがあり、また、気に入らなければ比較的簡単に解約できるというメリットもある。ソフトウェア企業にとっては、新しい顧客に自社のソフトウェアを試してもらえるチャンスが増える一方で、解約されるリスクも増えることになる。このようなサブスクリプションモデルでは、解約されるリスクはあるものの、一定期間は利用が継続するものと想定されることから、リカーリングであると一般的に認識されている。

　さて、ソフトウェア業界の多くの会社では、ライセンスモデルからサブスクリプションモデルへの移行が行なわれている。ライセンスモデルでは、一部のみリカーリングである一方、サブスクリプションではすべてがリカーリングとなるため、この移行により売上全体に占めるリカーリング収益の割合が大きく改善することになる。

　問題は、この移行を手放しに喜んで良いかということだ。次ジ**図表3-8**を見ながら説明を読んでほしい。ライセンスモデルでは、顧客のコンピュータにソフトがインストールされ、初期費用も高いことから、一度インストールされてしまえば、メンテナンスがある一定期間発生する可能性はかなり高いといえる。一方で、サブスクリプションモデルの場合には、気に入らなければ他社に乗

**図表3-8 ▶ ソフトウェア業界におけるライセンスモデルと
サブスクリプションモデルのイメージ**

ライセンスモデルのイメージ

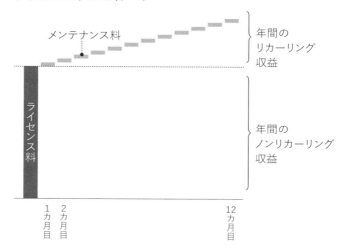

サブスクリプションモデルのイメージ

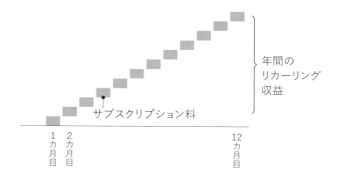

り換えられてしまったり、顧客側で景気が悪くなればすぐに解約されてしまったりする可能性があるので、リカーリングといえる確度は劣ることになる。

結局のところ、本当にリカーリングか？　という問いを考えるうえでは、会社が提供するソフトウェアがどれほど深く顧客のオペレーションに食い込んでいるかが重要になる。会社の基幹情報システム（ERP: Enterprise Resources Planning）として使われているのであれば、それを他社に切り替えたり解約したりするためにはオペレーション全体を止めなければならず、コストもリスクも莫大となる。そのような場合には、サブスクリプションモデルであってもリカーリングの確度は高いといえよう。

ぜひとも、「そのリカーリング収益は本当にリカーリングか？」という批判的な目線で、会社のビジネスを検討していただきたい。そうした検討なしに、もし、会社の言っていることを額面どおりに受け取ってしまうのであれば、会社の安定性を過大評価している可能性があることを認識しておく必要がある。

業界の性格

CRITERIA FOR
"GOOD COMPANY"
EVALUATED BY U.S. INVESTORS

SECTION 4-1 | ポーターの 5フォースによる分析

第2章と第3章では主に会社の内部的な要素を取り上げ、何が「良い会社」の要因となり得るかについて説明してきた。第4章では、会社を取り巻く業界の性格を取り上げる。どんなに内部的に良い会社であっても、外部的な要因により高いROEを達成できないケースが存在する。本章では、「良い会社」が育ちやすく存続しやすいような業界にはどのようなものがあるかに焦点を当てて、説明を行なう。

図表4-1 ▶ ポーターの5フォース

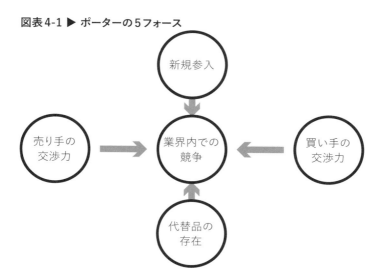

業界の競争環境を評価するうえでは、1980年にマイケル・E・ポーターが上梓した『競争の戦略』に示されている「5つの競争要因」（ポーターの5フォースと呼ぶ）に当てはめて考えることが大変有益だ。5フォースは、業界における競争の性質を決める5つの要因を示したものであり（**図表4-1**）、業界での各競争要因の源泉を分析することで、会社の長所や短所、業界内のポジションを明らかにするものである。

　以下ではこの5つについて順を追って説明していく。

①業界内での競争

　文字どおり、業界内での既存のプレイヤーとの競争環境を指す。たとえば、業界自体が成長しておらず、商品・サービスの差別化もむずかしいような業界では、市場のパイの取り合いのため、価格競争が起こりやすく、高い収益性を実現することがむずかしくなる。また、同業他社の数が多い業界である場合には、顧客（買い手）は会社以外の多くのライバルから購入する選択肢を持つため、値下げ交渉をされたり、気に食わなければ他社に乗り換えられてしまったりするリスクがある。そのため、業界内での競争の強弱を判断するためには、「どれくらいの数の同業他社がいるか？」「同業他社の大きさはどれくらいか？」「商品・サービスの差別化が可能か？」「業界自体が成長しているか？」といった質問について考える必要がある。

　当然、業界内での競争が弱いほうが、会社のROEを高め

られる可能性が高まる。もし競争が激しい場合には、競争によって会社のROEは市場平均並みに落ち着いてしまうのが一般的であるからだ。業界内での競争が弱いケースとしては、市場のなかにある種の独占状態が存在するケースが挙げられる。市場の独占度の強さには、a）モノポリー、b）デュオポリー、c）オリゴポリーがあるため、それぞれの特徴を説明する。

a）モノポリー

　会社がビジネスをするうえで、最も経済的に優位に働くのは、会社がその市場において独占的な地位を占めている場合だ。独占しているということは、競争が事実上存在しないケースであるため、会社は自社の利益を最大化することができ、よってROEも最大化できる。

　現実世界において独占的な地位を占めている会社は多くない。なぜなら政府は、競争が存在することで最終消費者がより良い商品やサービスを適切な価格で購入できるようになると考えており、独占禁止法を定め、ある一握りの会社が独占的な地位を持たないようにしているためだ。

　しかし、法律的には独占禁止法によって規制されているのにもかかわらず、独占的な地位を構築することが可能であった会社は例外的に存在する。このような企業の多くは、不当に消費者の選択肢を狭めるような行為は行なっていないため法律に違反しているわけではないが、消費者が自らのマインドのなかで選択肢を狭めている場合が当てはまる。

たとえば、自転車部品と釣具を手掛ける東証一部上場企業のシマノが挙げられる。シマノは、自転車の変速機、ブレーキ、チェーンなどの部品において世界的に圧倒的な市場シェアを維持しており、とくに、スポーツ自転車向けの部品では85％程度の世界シェアがあると推定されている。彼らはなぜ高い市場シェアを維持できるのか？　その理由は彼らがターゲットとする、スポーツを目的とした本格的な自転車ユーザーのなかで、「シマノの部品を使った自転車＝高品質の自転車」として認識されているためだ。自転車ユーザーたちは、当然、他社の部品が使われている自転車を買う選択肢がある（競合メーカーとして、伊カンパニョーロ、米スラムなどが存在する）。それなのにシマノを選ぶのは、彼らが自らのマインドのなかで選択肢を絞っているからだ。このような独占的な市場シェアを持っている会社は、顧客に対し価格競争力を有することとなる。シマノの価格競争力は、シマノの営業利益率が平均すると20％前後の高い水準で推移していることからも示されている。

b) デュオポリー

　デュオポリーとは2社が市場シェアを2分している場合を指す。デュオポリーの例としていちばん有名なのは、コカ・コーラとペプシだ。この2社でコーラという飲料の市場シェアのほぼすべてを占めている。デュオポリーは、モノポリーのように単純に会社にとって良い状況であるということはできない。デュオポリーがポジティブに働くケースもあればネ

ガティブに働くケースもある。

　ポジティブに働くケースとしては、独占状態にある2社の競争が安定した状態にあるケースが考えられる。コカ・コーラとペプシは、昔はどちらがコーラ業界を独占するか、激しい競争を行なっていた。[26] しかし、現在はどうか。いまや、消費者はコカ・コーラとペプシの微妙な味の違いを知っていて、その好みに応じて買い分けているのではないだろうか。現在では、コカ・コーラが第1位、ペプシが第2位、という地位が確立されており、「値下げをして市場シェアを取りに行こう」というインセンティブはそこまで高くないと思われる。安定した地位と、それに起因する価格競争力によって、コカ・コーラは20%台半ば、ペプシは10%台半ばという営業利益率を維持している。

　逆にネガティブに働くケースとしては、上記のような均衡状態が達成できておらず、寡占状態をつくっている2社のどちらかが1社独占の状況をつくろうとしているケースだ。その場合には、値下げをしてでも競争に勝ち抜こうと考えるため、両者の収益性は下落すると考えられる。

c）オリゴポリー

　オリゴポリーとは、（2社より多くの）少数の会社が市場シェ

---

[26] 1970〜1990年代にペプシが行なった「ペプシチャレンジ」という広告キャンペーンは非常に有名だ。目隠しした一般人にコカ・コーラとペプシを飲んでもらって、どっちが美味しいかを言ってもらう内容で、テレビCMでは、過半数がペプシを選んだということを宣伝していた。

アを分け合っている場合を指す。例としては、日本のビール業界が挙げられる。日本のビール類[27]は、販売数量ベースで市場シェアを計算すると、アサヒ、キリン、サントリー、サッポロの4社が市場を独占している。この4強体制は1960年代から続いており、60年のあいだ、順位の変動はあれど、この4社を脅かすほどの新規参入はなかった。これは、ビール好きの消費者には飲みなれたブランドがあり、急激に市場シェアが動くような新商品が生まれにくいこと、また、全国規模のビール会社を立ち上げるには工場や販売網に膨大な投資が必要なため新規参入がむずかしいことが考えられる。

　このように少数の会社が市場シェアを分け合っている市場では、近年のキリンとアサヒの首位争いからもわかるとおり一定の競争が存在する。そのため、モノポリーやデュオポリーに比べると価格決定力は劣るが、多数の会社が市場シェアを取り合っているような一般的な市場と比べると価格決定力がある程度高いケースが多い。これは、参加する企業がもともと少数であることから価格における競争原理がそれほど発生せず、そのような環境下では、業界トップのプライスリーダーが価格を決め、2位以下の企業が、それに追従して価格を設定することが一般的であるからである。大手ビール会社の代表的な銘柄が大体同じくらいの価格帯で販売されていることからもそれをうかがうことができよう。

[27] ビールの他、発泡酒、新ジャンルを含む。

②新規参入

　現時点において業界内の競争が激しくなかったとしても、その業界のROEが高いのであれば新しくその業界に入ってくる会社が増え、結果として競争が激しくなってしまう。コンピュータメーカーであったAppleがiPodによって音楽プレイヤー業界に進出し、iPhoneによって携帯電話業界に進出していったことは記憶に新しい。新規参入を防ぐ何かしらのバリア（参入障壁という）がなければ、新規参入者が既存のプレイヤーのパイを奪い、ROEにマイナスの影響を与えるリスクがある。

　マイケル・E・ポーターは参入障壁の規模を測る具体的な指標として7つを示している（**図表4-2**）。

③代替品の存在

　会社の競争環境を考えるうえでは、会社が提供している商品・サービスと同一カテゴリーの他社商品・サービスを考えるだけでは不十分だ。顧客が欲しているニーズは何なのかを把握し、そのニーズを満たすような別カテゴリーの他社商品・サービスが競争相手となる可能性があることを認識する必要がある。

　たとえば、コカ・コーラとペプシは両者とも同じような材料を使って、同じような味をつくっており、同一カテゴリー

図表4-2 ▶ 参入障壁の規模を測る7つの指標

指標	内容
仕入サイドの規模の経済	すでに業界にいる会社の規模が大きく、大量仕入れや大量生産により、1単位あたりの生産コストが低くなっている場合、これから新しく参入する会社はコストの面で競争がむずかしくなる。
販売サイドの規模の経済 (ネットワーク効果)	買い手は通常、参入してきたばかりの会社の商品やサービスを購入して失敗したくないという気持ちから、すでに業界にいて多くの購入者を抱える会社の商品やサービスのほうが価値が高いと感じる。
スイッチングコスト	既存の会社が提供する商品やサービスから、新規参入した新しい会社が提供する商品やサービスに切り替えた場合に必要となるコストが高い場合には、新規参入者がシェアを奪うのがむずかしくなる。
巨額の投資	その業界に参入するために巨額の投資(設備投資や研究開発など)が必要になる場合には、新規参入がむずかしくなる。
既存のプレイヤーであることによるメリット	すでにその業界にいること自体が新規参入をむずかしくするケース。たとえば、すでにブランドが確立されていて顧客を奪うのがむずかしい場合や、特許によりその業界で成功するために必要な技術が使えない場合、サプライチェーンが既存の会社により支配されてしまっているような場合などが考えられる。
流通チャネル	商品やサービスを販売するための流通チャネルが限られている場合に、その流通チャネルが既存のプレイヤーによって独占されている場合には、新規参入者が割って入ることがむずかしい場合がある。
政府の政策	政府が新規参入について何かしらの規制(その業界でビジネスをするためにライセンスを取ることを要求する等)を設けている場合には、新規参入者にとってハードルとなる。一方で、政府がその業界の成長を目標としているのであれば、新規参入者に補助金を支給するなどして、ハードルを下げるケースもある。

の商品である。したがって、ここでいう「代替品」には当てはまらない。一方で、「疲れたときにリフレッシュできる飲み物が欲しい」という顧客ニーズを満たすものとしては、水であったり、炭酸水であったり、スポーツ飲料なども競合として考えられることから、これらは「代替品」に当てはまるといえるかもしれない。現時点で競争相手と考えていなかったとしても、人々のなかの健康志向の上昇が、「コーラから炭酸水へ」という顧客マインドのシフトを引き起こし、重要な競争相手になってくる可能性がある。

このような代替品の脅威は、技術革新によって引き起こされるケースが多い。たとえば、われわれは「文書で何かを伝えたい」というニーズを満たすとき、従来、郵便で紙の文書を送りあっていた（その時代には郵便の代替品が存在し得ることすら想像し難かったことが予想される）。

それが、1980年代からFAXが普及し、文書をFAXマシーンで送受信するという代替手段が普及した。その後、1990年代からパソコンが普及し始め、emailで文書を送受信するという代替手段が普及した。さらに、現在では、スマートフォンやタブレットの普及に伴って、LINEなどのメッセージアプリやチャットなどによって文書のやり取りをすることが増えてきている。「文書で何かを伝えたい」という同じ顧客ニーズを満たす手段が、その時代の技術革新によって代替品に置き換わっていった様がうかがえる。

なお、スマートフォンやタブレットは、文書の交換手段としてだけではなく、固定電話の代替品であったり、パソコン

の代替品であったり、カメラの代替品であったり、家庭用ゲーム機の代替品であったり、銀行サービスの代替品であったり、さまざまな代替品となっている。いま現在、同一カテゴリーの商品・サービスで独占的なポジションを確立していたとしても、思わぬところからそのポジションが陳腐化されてしまうリスクがあることに会社は気を配る必要があろう。なお、代替品のリスクを評価するためには、一般的に、下記のような事項を検討することが有益だ。

- 代替品の数
- 代替品の機能はどれくらい既存の商品・サービスに類似しているか
- 代替品から差別化されるユニークな要素はあるか
- 代替品と既存の商品・サービスとの価格差
- 代替品に切り換える際のスイッチングコスト

④売り手の交渉力

ここでいう売り手とは、会社が商品やサービスを生産・提供するために必要となる原材料や部品やサービスを提供してくれるサプライヤーのことを指す。もし、売り手の交渉力が強い場合には、サプライヤーが設定する高い価格を受け入れざるを得ず、会社にとってはコストが高くなる（よって収益性が下がる）。売り手の交渉力は、その業界に存在するサプライヤー（売り手）の数と規模、また、それに対する納入先の数と規

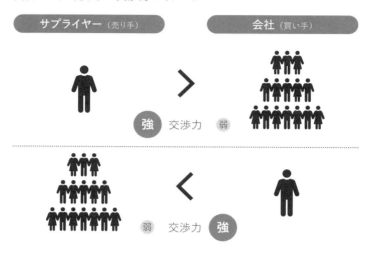

図表4-3 ▶ 売り手の交渉力のイメージ

サプライヤー（売り手）　　　　会社（買い手）

強　交渉力　弱

弱　交渉力　強

模に関連して決定されるケースが多く、その関係性は**図表4-3**でイメージすることができる。

　売り手の交渉力が高い場合としては、売り手の数が少なくてその納入先の数が多い場合や、売り手の規模が大きくて納入先の規模が小さい場合がある。たとえば、ある商品を生産するために必要となる部品の供給を行なえる会社が世界に数社しかない場合、その部品のサプライヤーは強い価格交渉力を有することになる。これは、サプライヤーが高い値段を要求しても、買い手は他のサプライヤーに乗り換えることができないためだ。

　逆に、売り手の交渉力が低い場合としては、売り手の数が多くてその納入先の数が少ない場合や、売り手の規模が小さ

くて納入先の規模が大きい場合だ。典型的な例は、自動車業界だ。自動車業界はピラミッド構造になっており、自動車メーカー（カーOEM）を頂点に、その下にティア1サプライヤー、さらにその下にティア2サプライヤー（ティア1サプライヤーへ部品等を提供するサプライヤー）、さらにその下にティア3サプライヤー（ティア2サプライヤーへ部品等を提供するサプライヤー）が存在する。

　自動車メーカーはトヨタ等の世界的な大企業であり、その数は限られている。一方で、自動車メーカーに部品などを提供するサプライヤーは、同じ部品であっても複数存在する。これは、1つのサプライヤーに100％依存してしまうと、そのサプライヤーに何か問題が起こったときに自動車メーカーにとっても大きな打撃となってしまうため、自動車メーカーは複数のサプライヤーを確保しているためだ。そのため、サプライヤー間で競争が発生し、1つのサプライヤーが強い交渉力を持つことは考えにくい。また、サプライヤーは、ある自動車メーカーに特化した部品を提供していることが多く、トヨタであればトヨタの車に使われる部品、フォルクスワーゲンであればフォルクスワーゲンの車に使われる部品を生産している。その場合、ある部品について、「ある自動車メーカーから値下げを要求されたので他の自動車メーカーに乗り換えよう」、ということができず、そのような理由からも売り手としての交渉力が弱くなる。

　なお、売り手の交渉力を評価するためには、一般的に、下記のような事項を検討する必要がある。

- 売り手の数、規模
- その納入先の数、規模
- 売り手の提供する商品・サービスに差別化される要素はあるか
- 売り手は納入先を変更することが可能か
- 納入先が売り手を変える場合のスイッチングコスト

⑤買い手の交渉力

ここでいう買い手とは、会社が生産・提供する商品・サービスを販売する顧客のことを指す。もし、買い手の交渉力が強い場合には、買い手からの値引交渉を受けざるを得ず、会社にとっての販売価格が低くなる（よって収益性が下がる）。買い手の交渉力は、その業界に存在する買い手の数と規模、また、それに対する販売元である会社の数と規模に関連して決定されるケースが多く、その関係性は**図表4-4**でイメージすることができる。

買い手の交渉力が高い場合としては、買い手の数が少なくてその販売元である会社の数が多い場合や、買い手の規模が大きくて販売元である会社の規模が小さい場合だ。前述の「売り手の交渉力」では、自動車メーカーに部品を提供するサプライヤーの例を紹介した。その際には、自分が買い手（自動車メーカー）で、サプライヤーが売り手、という立場で、互いの交渉力を考えた。ここでは、立場を逆転し、自分がサプライヤーで、買い手である自動車メーカーに部品を販売す

図表4-4 ▶ 買い手の交渉力のイメージ

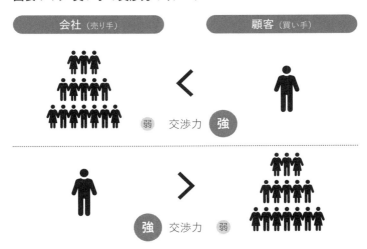

る立場で考えてほしい。競合の部品メーカーが複数存在する
なか、特定の大手の自動車メーカーに部品を納入している立
場を想像すれば、価格交渉がいかに困難であるか想像できる
であろう。

　逆に、買い手の交渉力が低い場合としては、買い手の数が
多くてその販売元である会社の数が少ない場合や、買い手の
規模が小さくて販売元である会社の規模が大きい場合だ。こ
こでは、一例としてiPhoneを考えてみたい。iPhoneの販売
会社は当然、大企業であるApple社であり、その顧客はわれ
われのような一般消費者であったり、世界中のさまざまな規
模の企業であったりする。

　いまでこそ「スマートフォン」というカテゴリーのなかに

はソニー、サムスン、グーグル等の企業が参入しているが、iPhoneの発売当初は「スマートフォン」といえばiPhoneしか存在しなかった。iPhoneが持っている機能を使いたければ、買い手はAppleの提示する価格を受け入れざるを得なかった。また、競合他社が参入してきた後であっても、すでにiPhoneを使った人は他社製品に変えることで操作方法を一から覚えなおさなければいけなかったり、iPhoneやApple製品に保存されたデータを移し替えなければいけなかったりと、他社への乗り換えをむずかしくする理由が存在した（スイッチングコスト）。

　加えて、そもそも（一般消費者をはじめとする）買い手は規模が小さく、Appleと交渉するような立場になく、もしAppleの提示する価格を受け入れられない顧客がいたのであれば、Appleはその顧客を無視し不特定多数の他の顧客に売ればよいだけなので、Appleとしては（ちゃんと販売数量が確保できる限り）価格交渉をする必要性が低かったといえよう。

　このような買い手の交渉力を評価するためには、一般的に、下記のような事項を検討する必要がある。

- 買い手の数、規模
- その販売元の数、規模
- 特定の買い手への売上に、売り手はどれほど依存しているか
- 買い手が販売元を変える場合のスイッチングコスト

ESGと渋沢栄一

　本文で触れた5フォースを考案したマイケル・E・ポーターは、2006年のHarvard Business Reviewにおいて、「シェアード・バリュー」という概念を発表した。そのなかで、シェアード・バリューを「会社の競争優位を高めると同時に、会社を取り巻く経済や社会の状況を改善していくようなポリシーや実務」と定義している。要するに、会社自身の競争優位を高めるだけでなく、会社を取り巻く利害関係者の状況をも高めていくような戦略をとることで、会社はより強固で持続的な競争優位をつくり出すことができるというものだ。

図表4-5 ▶ シェアード・バリューのイメージ

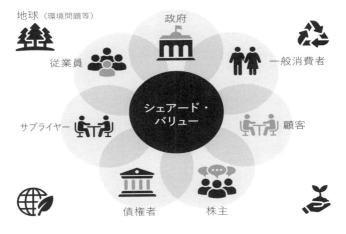

前ペ─**図表4-5**は、シェアード・バリューのイメージを描いたものだ。たとえば、ファストファッション業界を考えてみたい。ファストファッション業界では、プラスチックを原料とした合成繊維を使い安価に服を大量生産することで、ファッションに興味のある一部の消費者にとって多くの価値を提供しているといえる。

　それで会社の儲けが増えているのであれば、その会社の株主も債権者もハッピーといえるだろう。しかし、大量の服を生産する過程では、多くのCO_2を排出する（人間の活動によって排出されるCO_2の10%はファッション業界からきているといわれている）。また、生産した服は、流行が過ぎればすぐに捨てられてしまい大量のゴミを生み出している（日本における服のリサイクル・リユース率は34%しかないそうだ）。 [*28]

　このゴミはマイクロプラスチック問題も引き起こしている。マイクロプラスチックとは、5ミリ以下の微細なプラスチックの粒子のことで、自然界に流れ出たマイクロプラスチックが自然分解されず自然界で残り続け、海洋生物の生態系を破壊するということが指摘されている。

　地球や人類全体に悪影響を与えるようなビジネスモデルは、その競争優位を保つことができるだろうか。深刻な影響に気付いた一般消費者は不買運動を始めるかもしれないし、従業員はイメージの悪い会社で働きたくない

[*28] 環境庁ホームページより
https://www.env.go.jp/policy/sustainable_fashion/

ので離職率が増えるかもしれない。いままで取引のあったサプライヤーが取引を打ち切るかもしれないし、将来のビジネスを心配した銀行が融資を控えるかもしれない。政府から新たな規制をかけられる可能性も大いにあろう。

　一方で、同じファストファッション業界の会社であっても、リサイクル・リユースに力を入れ、自分の利益だけでなく社会全体としての利益を重視して経営を行なうのであれば、そのような経営方針が他社と比較した場合の強い競争優位の源泉となる可能性もある。

　シェアード・バリューの考え方は、近代日本資本主義の父と呼ばれる渋沢栄一が提唱した「合本主義」[29]と根本的に同じメッセージを発信しているように思う。渋沢栄一は、会社は得た利益を私利私欲のために使うのではなく公益のために分配し、社会全体としての価値の最大化を図るべきと考えた。このような考え方は、昨今のESG[30]やSDGs[31]に深く通ずるものだ。ESGやSDGsは、

---

* 29　渋沢栄一記念財団によると、合本主義とは、公益を追求するという使命や目的を達成するのに最も適した人材と資本を集め、事業を推進させるという考え方を指す。
　　https://www.shibusawa.or.jp/research/newsletter/759.html

* 30　ESGとは、環境（Environment）、社会（Social）、ガバナンス（Governance）の英語の頭文字を合わせた言葉で、企業が長期的に成長するためには、これら3つの観点を重視すべきとするフレームワーク。

* 31　SDGsとは「Sustainable Development Goals（持続可能な開発目標）」の略であり、2015年9月の国連サミットで採択され、国連加盟193カ国が2016年から2030年の15年間で達成するために掲げた目標を指す。

「きれいごと」「会社の本業に関係のないこと」と考える人もいる。しかし、会社の長期的・持続的な成長を考えるうえでは、会社の本業と密接に関係のある極めて重要なトピックだといえよう。

景気への依存

　ここまでは、ポーターの5フォースを使って、業界内の競争環境を分析する枠組みを説明した。ここからは、業界の性格を分析するうえで、競争環境以外にどのようなことを検討すべきかについて考える。まずは、景気への依存度だ。

　景気が良くなれば、人々はより多くの商品・サービスを買うようになり、その商品・サービスを提供している会社の業績が上がり、その会社の投資余力が増えることで新たな工場の建設やより多くの人材の採用につながる。景気が良くなれば多くの業界にさまざまなプラスの影響を与えることになるのだ。一方で、不況に陥れば経済活動は停滞し、多くの会社にマイナスの影響を与える。景気変動に応じてどれほどのインパクトがその会社に生じるかは、会社のシクリカリティーと呼ばれる。

　一般的に、シクリカリティーが高い業界としては、下記のタイプが考えられる。

①エネルギー業や鉱山業等、他社との商品の差別化ができないような商品（コモディティ）を販売している業界

　このような業界では、商品の需要やその販売価格が景気動向の影響を受ける。「第3章　ビジネスの性格」のなかでマ

クロ環境への依存度が高い会社の例として取り上げた石油会社が典型例だ。世の中の景気が良ければより多くの企業がより多くの製品を生産しようとし、生産ボリュームを上げるためにより多くの石油が必要になるだろう。また、景気が良いことでより多くの人々がクルマで旅行し、ガソリンの需要が上がるであろう。そして、需要が上がることで石油の販売価格も上昇し、石油会社は、需要と販売価格の両面から恩恵を受けることになる。その反面、景気が悪い場合には、その逆の状況に陥る。石油自体の品質で他社と差別化を図ることがむずかしいため、会社の自助努力でネガティブな状況を打開することはむずかしい。

②自動車、家電製品、コンピュータなどの耐久財（何度も使用でき、使用期間の長い商品）を製造・販売している業界

　このような業界では、消費者はすでに持っている同様の製品をより長く使用することで、新しく何かを購入する意思決定を先延ばしすることができるため、景気の影響を強く受けることになる。

　たとえば、ある消費者Aさんは3年ごとにクルマを買い替えていたとする。Aさんは、ニュースで世界経済が不況に陥りそうだということを聞き、将来の貯蓄を心配するようになった。Aさんはいままで新車の購入に使っていたお金を節約するため、当面は6年ごとにクルマを買い替える方針に変えることとした。このような意思決定が消費者全体として行なわれるのであれば、その自動車メーカーの売上は大きく影響

を受けることになる（6年に2台売れてたのが1台だけになってしまう）。

③旅行業界、高級スマートフォン、ブランドファッションなど、消費者にとって生活必需品ではないがお金が余分にあれば購入するような商品を製造・販売している業界

　日々、生活に必要な食べ物や、歯磨き粉、シャンプー、（ブランド品ではない）衣服などは、景気の変動に関わらず必要になるため、シクリカリティーは低くなる。一方で、お金に余裕があれば購入するような商品やサービスは、消費者の懐事情に左右されることになるためシクリカリティーは高くなる。

　景気が良ければ多くの人がハワイ旅行に行くだろうが、景気が悪ければ「今年はスキップしよう」という判断を下すかもしれない。ハワイ旅行に行かなくても日々の生活に支障がないため、消費者はこのような判断を行なうことが可能となる。

　では逆に、シクリカリティーの低い業界には何が挙げられるであろうか？　基本的には、前述のシクリカリティーが高い業界の逆を考えればよいであろう。以下ではとくにシクリカリティーの低いケースとして、フロービジネスを取り上げる。

　会社の提供する商品やサービスが、日々、当たり前のように必要となるような場合には、景気変動の影響を受けにくい。日々の経済活動の流れ（フロー）のなかで必要となるため、ここではそのようなビジネスをフロービジネスと呼ぶ。

石油会社のシクリカリティーが高い点について言及したが、製油所（リファイナリー）のメンテナンスを請け負っている会社はどうだろうか。精油のボリュームが景気の影響で減ってしまったとしても、定期的なメンテナンスや部品の交換を行なわなければ製油所が機能しなくなる可能性があるため、メンテナンスについては安定的な需要が期待できる。

　会計に関する少し専門的な知識になるが、このようなフロービジネスは、通常、顧客の損益計算書上で、営業損益の一部として処理される。よりわかりやすい言葉に言い換えるとすれば、顧客にとって「日々の経済活動にとって必要な必要経費」として扱われる。そのため、不況下にあっても、顧客側で「ここの費用を削減しよう」という判断にならないことが多い。この点からもフロービジネスの景気耐性が高いことが理解できる。

　一方で、新たな製油所の建設に携わる建設・エンジニアリング会社の場合には、景気の影響を大きく受ける。これは、石油会社がその建設・エンジニアリング会社に払う支出は、営業損益ではなく、設備投資として扱われるためだ。よりわかりやすい言葉に言い換えるとすれば、顧客にとって「日々の経済活動の枠外で必要となる成長に伴う出資」として扱われ、顧客のなかで厳重な審査が行なわれることとなる。不況なのでここの出費は控えよう、という意思決定につながる可能性が高いため、このような業界のシクリカリティーは高くなると考えられる。

政府への依存

次に、政府への依存度を考えたい。業界の性格を理解するうえでは、会社と政府の関係を理解することが重要だ。会社が高いROEを実現できていたとしても、それが政府からの補助金によるものであったり、政府との契約によるものであったりするケースがある。そのような補助金や契約は、ビジネスの開始当初は高いROEを実現するための助けになるが、一定のROEを市場参加者が実現した後は、政策の変更等の理由により低下していくケースが多い。これは、政府が税金からそのような補助金や契約を賄っているため、ある一定の業種の一部の会社に対しサポートを行なうことにより、サポートを受けた会社が不当に高い利益を上げてしまうことへの風当たりを恐れるためだ。

以下では、政府への依存度が高い例を3つ取り上げる。

①再生可能エネルギーの固定価格買取制度（FIT制度）

政府への依存度が高い例として、「再生可能エネルギーの固定価格買取制度（FIT制度）」を利用する会社が挙げられる。FIT制度は、2012年に導入され、再生可能エネルギーで発電した電気を電力会社が一定価格で一定期間買い取ることを国が約束する制度である（次宇**図表4-6**）。電力会社が買い

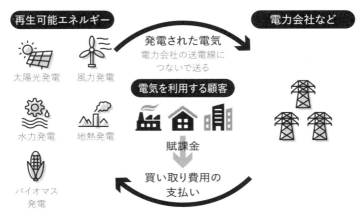

図表4-6 ▶ FIT制度の仕組み

再生可能エネルギー

太陽光発電　風力発電

水力発電　地熱発電

バイオマス
発電

電力会社など

発電された電気
電力会社の送電線に
つないで送る

電気を利用する顧客

賦課金

買い取り費用の
支払い

出所：経済産業省資源エネルギー庁のHPより
https://www.enecho.meti.go.jp/category/saving_and_new/saiene/kaitori/surcharge.html

取る費用の一部を、電気を利用する一般消費者から賦課金という形で集めることで、再生可能エネルギーの導入を推進する目的で導入された。FIT制度を利用する再生可能エネルギー発電事業者は、自社の発電するエネルギーが一定の価格で買い取られることが事前に把握できるため、発電設備の高い建設コスト等の回収の見通しが立ちやすくなり、再生可能エネルギーへの参入のハードルを下げることが可能であった。

　FIT制度は再生可能エネルギーの普及に貢献した一方で、さまざまな課題もあった。1つ目は、一般消費者が負担している賦課金だ。賦課金は毎年膨張を続け、2022年度では2兆7000億円規模となっている。今後、国民への負担を極力抑えたうえで再生可能エネルギーの普及を行なうためには、

FIT制度に代わる制度の導入が必要といわれるようになった。

　課題の2つ目は、需要と供給のバランスだ。FIT制度は、電気の使用者のニーズや競合会社との競争によって価格が決まる電力市場からは切り離された制度であり、再生可能エネルギー発電事業者は電気の需要と供給のバランスを意識する必要がなかった。しかし、今後、再生可能エネルギーが主力電源となっていくためには、化石燃料等の電源と同じように、需要と供給のバランスを考えたうえで発電を行なう仕組みに変更していく必要があるといわれるようになった。

　このような背景から、FIT制度は、2022年に導入されたFIP制度（フィードインプレミアム制度）に順次移行される予定だ。FIP制度では、国が決めた固定価格で電力会社が買い取るFIT制度とは異なり、電力の販売価格が市場価格に応じて変動する。＊32

　そのため、再生可能エネルギー発電事業者は、自分で電力を売るタイミングや売り先を選定し、いかに採算性よく販売していくかを検討していくことが必要となる。

　政策の変更により、会社のビジネスモデルの変更を迫られる例といえよう。

....

＊32　FIP制度での販売価格は、参照価格＋プレミアム（補助金）として計算される。参照価格とは、発電事業者が電力を販売した場合に期待できる「平均の売電収入」であり、市場価格等により機械的に決定される。この参照価格は月ごとに変動するため、再生可能エネルギー発電事業者に、電力市場の需要と供給のバランスを踏まえたうえで発電を行なうインセンティブを与える。

②カーボンプライシング

　「カーボンプライシング」とは、企業などの排出するCO_2（カーボン）に価格をつけ、それによって排出者の行動を変化させるために導入する政策手法だ。そのなかには、企業などが燃料や電気を使用して排出したCO_2に対して課税する「炭素税」、企業ごとに排出量の上限を決め、それを超過する企業と下回る企業とのあいだでCO_2の排出量を取引する「排出量取引制度」、CO_2の削減を「価値」と見なして証書化し売買取引を行なう「クレジット取引」などが含まれる。

　日本においても、2023年2月に「GX実現に向けた基本方針」が閣議決定され、化石燃料からクリーンエネルギー中心に転換する「GX（グリーントランスフォーメーション）」実現に向け、「成長志向型カーボンプライシング構想」が打ち出されている。

　カーボンプライシングは、一部の会社のビジネスモデルや収益性に大きな影響を与える。たとえば、セメントやコンクリートの製造会社はどうだろうか。コンクリートはダム、道路、ブロック、ビル等といった身の回りのインフラに必須の存在であり、セメントはコンクリートの原料として使われる。われわれの生活に必須の存在である一方、その製造過程で多くのCO_2を排出することから、カーボンニュートラル実現に向けて変革が必要となる業界である。

　セメント・コンクリート製造会社におけるコストは、従来、原料費や燃料、人件費等が主であった。そのコストに今後は「カーボンを排出してしまうことによるコスト」が炭素税等

の形で上乗せされることになる。しかも、「カーボンを排出してしまうことによるコスト」は現時点でどれくらいになるかを正確に予測することは困難であり、政府の意向に大きく左右されることになる。したがって、セメント・コンクリートの製造会社は、いかにカーボンの排出量を減らし、カーボンをリサイクルしていくか、ということが今後のビジネスを考えるうえでの大きなトピックとなっている。

③薬価の改定

薬価とは国（厚生労働省）が一律に定めた医療用医薬品の価格のことであり、薬価改定とは定期的に薬価の見直しを行なう制度を指す。

日本では超高齢化社会に突入し医療費削減が今後ますます必要となることから、薬価は基本的に定期的に下げる方向で改定されている。国民の医療費負担を抑えるという意味で重要な制度である一方、医療機関や製薬会社のビジネスはネガティブな影響を受ける。すなわち、薬をつくっている製薬会社としては、せっかく研究開発に多大な費用と労力をかけて新薬を開発できたとしても、薬価改定によりいずれ収益性が落ちてしまうと想定されるのであれば新薬開発に対するモチベーションが低下してしまう。また、薬を仕入れて販売している医療機関は、薬価と仕入価格の差額を利益（薬価差益）として認識するが、その利益の金額が下がってしまうことになる。

図表 4-7 ▶ 近年における薬価の改定率の推移

改正 年月日	改正 区分	収載 品目数	改定率	
			薬剤費ベース	医療費ベース
12.4.1	全面	11,287	▲7.0%	▲1.6%
14.4.1	〃	11,191	▲6.3%	▲1.3%
16.4.1	〃	11,993	▲4.2%	▲0.9%
18.4.1	〃	13,311	▲6.7%	▲1.6%
20.4.1	〃	14,359	▲5.2%	▲1.1%
22.4.1	〃	15,455	▲5.75%	▲1.23%
24.4.1	〃	14,902	▲6.00%	▲1.26%
26.4.1	〃	15,303	▲5.64% このほか消費税 対応分+2.99%	▲1.22% このほか消費税 対応分+0.64%
28.4.1	〃	15,925	▲5.57%	▲1.22%
30.4.1	〃	16,434	▲7.48%	▲1.65%
R元.10.1	〃	16,510	▲4.35% このほか消費税 対応分+1.95%	▲0.93% このほか消費税 対応分+0.42%
2.4.1	〃	14,041	▲4.38%	▲0.99%
3.4.1	〃	14,228		
4.4.1	〃	13,370	▲6.69% （実勢価等改定分）	▲1.35%

出所：厚生労働省「薬剤費等の年次推移について」

調整幅2%

調整幅2%（先発品の一定率引き下げ）

調整幅2%（先発品の一定率引き下げ）

調整幅2%（先発品の一定率引き下げ）

調整幅2%（先発品の一定率引き下げ）

調整幅2%（先発品の一定率引き下げ）

調整幅2%（先発品の一定率引き下げ）

調整幅2%（後発品への置換えが進まない先発品の一定率引き下げ）

調整幅2%（後発品への置換えが進まない先発品の一定率引き下げ）
このほか、市場拡大再算定分▲0.19%、市場拡大再算定の特例分▲0.28%（医療費ベース）

調整幅2%（後発品への置換えが進まない先発品の一定率引き下げ）
改定率のうち、実勢価等改定▲1.36%、薬価制度の抜本改革▲0.29%（医療費ベース）

調整幅2%

調整幅2%（後発品への置換えが進まない先発品の一定率引き下げ）
改定率のうち、実勢価等改定分▲0.43%、市場拡大再算定の見直し等分▲0.01%（医療費ベース）

平均乖離率の0.625倍（5%）を超える品目を改定対象
調整幅2%、新型コロナウイルス感染症特例として一定幅0.8%薬剤費として▲4,300億円

調整幅2%（後発品への置換えが進まない先発品の一定率引き下げ）
改定率のうち、実勢価等改定分▲1.44%、不妊治療の保険適用のための特例的な対応分＋0.09%（医療費ベース）

前ページ**図表4-7**は近年における薬剤費ベース*33およひ医療費ベース*34の薬価の改定率である。医療機関や製薬会社はこのようなネガティブな要因が今後も継続することを念頭に入れて将来の意思決定を行なっていく必要がある。

＊33　薬剤費ベースでの改定率とは、薬価の引上げまたは引下げによる診療報酬
　　　総額中の薬剤費の増減率を指す。

＊34　医療費ベースでの改定率とは、診療報酬総額の増減率を指す。

政府による介入は善か悪か？

　政府はこれから成長が必要となる産業に対し補助金などのサポートを行ない、これから縮小が必要となる産業に対し税金などの負担を重くする。これにより、国全体としてより良い方向に進んでいくことを担保するわけだが、すべてが正しく機能するわけではなく、時として成長すべき産業の成長の芽をつんでしまうような状況も存在する。

　前述の薬価改定はその良い例といえよう。日本では、薬の値段がコントロールされ、国民が比較的安価で薬を入手することができる。その点で、政府の介入は機能しているといえる一方で、その代償として利益を失った製薬会社は新薬の開発にお金を費やすことができず成長が停滞状態にある。

　その真逆にあるのが米国だ。2023年9月2日付のフィナンシャルタイムズの記事「The world will need to stop piggybacking on US pharma（世界は米国の製薬会社におんぶにだっこはできない）」[35]は、日本の真逆を走った米国の現状について取り上げた。

　米国民による2022年の医薬品支出は6000億ドル（約88兆円）を超え、世界全体の半分近くを占めた。米国は

＊35　Financial Times "The world will need to stop piggybacking on US pharma"

新薬の研究開発でも他国を凌駕し、その支出は経済協力開発機構（OECD）加盟国の医薬品企業による研究開発費の３分の２近くを占めた。開発中の医薬品数でみると、2022年の開発中の医薬品数は１万265品目に上り、中国と欧州連合（EU）が開発中の医薬品数合計の２倍以上、英製薬会社による開発数の４倍の数になる。つまり、米国は莫大な研究開発費をかけて世界の医薬品の技術革新を牽引しているわけだが、このようなことが可能なのは、日本のように薬価をひたすらに下げることはせず、製薬会社が新薬による利益を確保することでさらなる新薬の開発に投資できる仕組みを確保しているためだ。

　しかし、米国のこのような方針は、現在、方向転換を迫られている。高すぎる薬の価格に米国民は不満を抱いており、政府もその解決に取り組み始めているのだ。バイデン政権は2022年に成立したインフレ抑制法により、高齢者向け公的医療保険「メディケア」に、処方薬の価格引き下げを製薬各社に求める交渉権を初めて与えた。製薬各社はメディケアの提示する値下げに応じるか、さもなければ懲罰的な税金を課せられることになるため、製薬各社の利益にネガティブな影響を与えることとなる。このネガティブな影響によって、製薬会社は新薬にかける研究開発の金額を抑制するかもしれないし、薬価交渉の対象にならなそうな薬だけに注力することになるかもしれない。結果的に、世界中の新薬の技術革新が停滞する可能性も考えられる。それにより、救われるはずだっ

た（将来の）患者が救われないことになる、という潜在的な影響も考えられる。

　どちらが善で、どちらが悪か、本書で結論付けることはできない。本書で言いたいのは、政府の方針によって会社の運命が大きく左右されてしまう可能性があることを認識しておくべき、ということだ。

トレンドへの依存

　会社は顧客が何を欲しているか、そのトレンドを理解し、それに合わせる形で商品やサービスの内容を調整していく。より高級感のある商品が売れ筋なのであれば、ブランディングに力を入れ、豪華なパッケージに変更すればよいだろうし、ある特定のデザインが流行りなのであれば、そのデザインをいち早く取り入れればよい。その程度のトレンドの変化であれば対応は簡単だが、トレンドの変化がビジネスの成長性そ

図表4-8 ▶ 喫煙率の推移

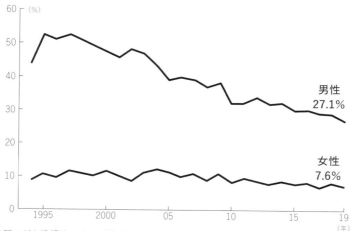

出所：がん情報サービスのHPより

のものを大きく変えてしまう可能性もある。

たとえば、たばこ業界を考えてみよう。たばこ会社は、その時々のトレンドに合わせてフレーバーを変えてみたり、ニコチンの量を変えてみたりすることはできるだろうが、人々の健康志向の上昇に伴う「たばこ離れ」を止めることはできない。**図表4-8**は日本における男女別の喫煙率の推移であり、短期的な波はあるものの、長期的には一貫して下落傾向にあることが理解できる。

なお、このトレンドは日本だけの話ではなく、たとえば、米国においては2005年において20.9%だった喫煙率は2021年には11.5%まで減少している*36。グローバルで進行するこのようなトレンドにより、たばこ会社は構造改革を迫られている。

健康志向の上昇に起因したたばこ離れであったり、健康食へのシフトであれば、徐々に起きる長期的なシフトなので、会社としても構造改革をかける時間があるといえよう。たとえば、電子たばこのような、より害の少ない新商品により、たばこ離れからくるネガティブな影響をある程度相殺することが可能だ。

しかし、なかにはトレンドのシフトがたった数年で起こることもある。1990年代に一世を風靡した「たまごっち」は

---

* 36 Centers for Disease Control and Prevention
https://www.cdc.gov/tobacco/data_statistics/fact_sheets/adult_data/cig_
smoking/index.htm#:~:text=In%202021%2C%20nearly%2012%20
of,with%20a%20smoking%2Drelated%20disease.

その良い例だ。たまごっちは、ご存じのとおり、液晶画面に映し出されたキャラクターを育成する携帯型玩具だ。1996年に初代たまごっちが発売されて以降、日本だけでなく海外でも大ヒットとなり2年間で約4000万個を売り上げたという。このブームを支えたのは当時のトレンドリーダーであった高校生であり、たまごっちを持っていることがある種のステータスとなった。また、「並んでも買えない」という状況がさらに購買意欲を掻き立て、ブームは過熱していった。

このような状況を見た発売元のバンダイは生産能力を拡大し、供給量の増大を行なった。しかし、1998年後半からブームに限りが見え始め、バンダイは大きな赤字と大量の在庫を抱える状況に陥った。その原因として、「手に入らないと『欲しい』という衝動が強まるけど、売り場にたくさん並んでいるのを見ると、その衝動はなくなる」という、消費者心理が関係していたそうだ。[37] たった数年のあいだでトレンドが変化し赤字に転落するとは、ブームのときには想像もつかなかったであろう。なお、バンダイは90年代の終わりとともにたまごっちの販売を一時終了したものの、2004年に、今度は小学生がトレンドリーダーとなり、第二次たまごっちブームが始まった。赤外線通信を取り入れたり、スマートフォンとの連携を可能にしたりすることで、時代に合わせて進

* 37　ダイヤモンドオンライン「『たまごっち』が25年間で味わった挫折と成功とは」
　　　https://diamond.jp/articles/-/268417

化を続けているようだ。いかにトレンドを読むことがむずかしいか、このような歴史を振り返るとよくわかる。

　当然、トレンドへの依存度は低いほうが好ましいと判断されることが一般的だ。これは、マネジメントにとっても投資家にとっても、トレンドへの依存度が低いほうが将来の見通しが立てやすいためだ。マネジメントはトレンドの変化を過度に恐れることなく、より積極的に成長投資を行なうことができるし、投資家としても将来の業績の確度が高まり投資リスクが軽減される（よって資本リスクが軽減する）。

　以上、第4章では業界の性格を見てきた。ポーターの5フォースに基づき業界の競争環境をどのように評価するかを説明し、その後で、景気への依存度、政府への依存度、トレンドへの依存度を評価すべき旨を説明した。

　どんなに素晴らしいマネジメントがいて、どんなに素晴らしいビジネスモデルであったとしても、厳しい業界に属している場合には、高いROEを維持していくことは簡単ではない。そのため、「良い会社」であるか否かの評価を行なうためには、会社そのもののみに焦点を当てるのではなく、会社の属する業界にも注目する必要がある。

クオリティ投資を妨げる人間の心理

　「高いリターンを長期的に生み出すことができる会社」に投資を行なうのがクオリティ投資だということを第1章のなかで説明した。クオリティ投資家は、そのような会社を見つけた場合には、その会社の株を長期的に保有し続けることを投資の前提として考えている。言葉にすると簡単であるが、「長期的に保有し続けること」は現実世界ではとてもむずかしい。時には早期に保有をやめる、という判断を下さなければならない場合もある。ここでは、クオリティ投資家が具体的にどのような投資意思決定を行なっているかについて触れたい。

　大原則として、「高いリターンを長期的に生み出す」という前提が崩れた場合、クオリティ投資家は株の売却を検討する。たとえば、技術的な優位性から高い価格で販売できていた製品について、競合他社が技術革新を起こしたことで技術的な優位性がなくなる可能性が高まった場合には、その時点で株を売却する可能性がある。

　本当に技術的な優位性がなくなるまで待っていると、年々 ROE が下がり続けるのを後追いで見ることになる（そしてそのときには株価がすでに下落してしまっている可能性が高い）ので、手遅れになる。いかに素早く、投資をしたときの大前提が崩れていないかを検討し、アクションを起こせるかが投資の成否を握る。これも言葉にすると簡単であ

るが、実際にアクションを起こすのはとてもむずかしい。人間の心理が関係してくるからだ。

　投資家を苦しめる心理的な行動パターンとして「エンダウメント効果」というものがある。これは、労力をかけて見つけた良い会社について一度投資をしてしまうと、その会社を過剰評価してしまい、投資をしていない他の会社よりもえこひいきしてしまう、というものだ。さきほどの例でいえば、「競合他社が技術革新を起こしたことで技術的な優位性がなくなる可能性が高まった」、と判断したとしても、「でもこの会社ならまた新しい技術革新を起こすだろう」とか、「でも顧客のロイヤルティが高いので技術的な優位性がなくなっても問題ないだろう」など、あれだこれだと理由をつけて具体的にアクションをとることを先延ばしにしてしまうケースなどが考えられる。

　アクションを先延ばしにすることで、長期にわたり株価の下落に苦しめられる状況は「フロッグ・ボイリング（ゆでガエル）」と呼ばれている。蛙を沸騰したお湯に入れれば、その蛙は即座に逃げ出すが、冷たい水に入れた状態で徐々に温度を上げていくと、蛙は気付かないまま死んでしまう、という現象を比喩的に使った言葉である。

　フロッグ・ボイリングに陥らないためには、「高いリターンを長期的に生み出すことができる会社」であると投資時に判断した前提は何だったのか、その前提が崩れている可能性がないか、ということを定期的に検証する

ことが有益である。また、投資経験者であっても、自分のミスを認めるのはむずかしく、「でも」「でも」と自分の判断を正当化してしまう可能性が高い。したがって、前提が崩れていないかの検証は、自分だけでやるのではなく、自分の周りの人に意見を聞いてみることも有益だ。

　本書では、「良い会社」を「高いリターンを長期的に生み出すことが期待できる会社」と定義づけ、その前提としてROEとは何か、またその重要性について説明した。その後、長期的に高いROEを実現するうえで重要となる、マネジメントの性格、ビジネスの性格、業界の性格を取り上げた。

　繰り返しになるが、本書で取り上げた「性格」は、高いROEを実現するうえでの必須条件を説明しているわけではなく、過去・現在に高いROEを実現した数ある会社を分析した場合に見えてきた、共通項的な性格を抽象化して取り上げたものである。そのため、ある項目で望ましい性格を有していなかったとしても、他の項目で優れた性格を有しているのであれば、結果として高いROEを実現できる場合もある。したがって、個々の項目で会社の良し悪しを判断するのではなく、すべての項目を総合したときに全体としてどうか、という判断をしていただければと思う。

　さて、冒頭でお話ししたとおり、本書の目的は、「良い会社」について具体的なイメージを持っていただくことで、投資を行なう人の投資に関する意思決定に役立てられたり、会社で働いている人が自分の会社をより良くしていくための意思決定に役立てられたりすることができれば、というものであった。そして、投資家と投資を受ける会社の両者が、「良

い会社」の考え方について共通の価値認識を行なうことで、株式市場が活性化し、ひいては日本経済の活性化につながればという期待を込めて執筆を行なった。

　2023年3月の東京証券取引所による資本コストや株価を意識した経営の要請や、同年4月のウォーレン・バフェットの訪日と日本株への積み増し、さらには増加するアクティビスト投資家によるプレッシャー等、2023年は日本株式市場にとって大きな潮目の変化を感じさせる年であった。

　しかし、日本企業自体が本質的な意味で変革していかなければ、この潮目の変化は長続きせず、過去30年間経験した停滞期にあっという間に戻っていくことだろう。日本企業自体が本質的な意味で変革していくためには、そもそも目指すべき「良い会社」とは何なのかを知り、それに近づくためにどのようなアクションを取っていく必要があるのか、会社としてそして投資家として、常日頃から考えていく必要があると思う。

　そのための努力に対し、本書が、わずかながらでもその一助になることができれば幸いだ。

森　憲治（もり　けんじ）

公認会計士、米国証券アナリスト（CFA）、シカゴ大MBA（Chicago Booth School of Business）。2007年にPwCあらた監査法人（現・PwC Japan有限責任監査法人）に入社（2013〜2015年の2年間は米国PwCボストンオフィス出向）。ファンド業界のクライアントに対し会計監査、コンサルティング業務を提供。シニアマネージャーとして2019年まで勤務。シカゴ大MBA（2021年卒業）を経て、シカゴに拠点を設ける投資ファンド（Anthropocene Capital Management, LLC）にシニア投資アナリストとして2023年まで勤務。Anthropocene Capital Management, LLCはクオリティ投資戦略を採用し、欧州・アジアの中小型株に対し、長期的に投資を行なっている。

https://www.linkedin.com/in/kenji-mori

米国の投資家が評価する「良い会社」の条件

2024年 5 月20日　初版発行

著　者　森　憲治 ©K.Mori 2024
発行者　杉本淳一

発行所　株式会社日本実業出版社　東京都新宿区市谷本村町3−29 〒162−0845
　　　　編集部　☎03−3268−5651
　　　　営業部　☎03−3268−5161　振　替　00170−1−25349
　　　　　　　　　　　　　　　　　https://www.njg.co.jp/

印刷／理想社　　製本／共栄社

ISBN 978-4-534-06105-8　Printed in JAPAN

下記の価格は消費税（10%）を含む金額です。

野生の経済学で読み解く
投資の最適解
日本株で勝ちたい人へのフォワードガイダンス

独自の発想で多彩なデータを駆使するとともに歴史的大局観から俯瞰した分析を行ない、2024年以降に日本株投資で勝つために必要な考え方と投資戦略を明らかにする。

岡崎良介
定価 1870円（税込）

低PBR株の逆襲

2023年3月に東証が出した「低PBR改善要請」で各企業はどう動き、投資家はどのような戦略をとるべきなのか。第一人者のストラテジストが客観的なデータに基づいて解説。

菊地正俊
定価 1870円（税込）

ランダムウォークを超えて勝つための
株式投資の思考法と戦略

「長期・分散」という平凡な結論は真理なのか？　怜悧な視点で株投資の本質的な意味と大きな可能性を描き出す。名著『ランダムウォーク＆行動ファイナンス理論のすべて』の実践編！

田渕直也
定価 2200円（税込）

定価変更の場合はご了承ください。